OBJECTIF **EXPRESS** 1
Le monde professionnel en français

Anne-Lyse DUBOIS, Béatrice TAUZIN

hachette
FRANÇAIS LANGUE ÉTRANGÈRE

CCI PARIS ILE-DE-FRANCE

Crédits photographiques

Corbis : p. 8-9 © Igor E. / Image Source ; p. 14 photo 2 © Wolfgang Kaehler ; photo 3 © Anthony Asael / Art in All of Us ; p. 22 homme © Jungyeol & Mina / TongRo Images ; p. 24-25 © Oliver Rossi ; p. 38 © Isaac Lane Koval ; p. 39 © Philippe Boutin / Sygma ; p. 40-41 © Frederic Cirou / PhotoAlto ; p. 46 © Hero ; p. 49 © Nancy Honey / cultura ; p. 51 © Simon Jarratt ; p. 53 © Tetra Images ; p. 58-59 © Blue Images ; p. 61 © Camille Moirenc / Hemis ; p. 72 © Robert Holmes ; p. 73 © John Wilkes Studio ; p. 74-75 © Hero ; p. 76 © Hero ; p. 77 médecin © Mark Hunt / Huntstock ; étudiant © Rowan Allan / Cultura ; commercial © Ocean ; p. 81 haut © PictureNet ; p. 82 Guadeloupe © Richard Soberka / Hemis ; Maroc © Sandro Santioli / Atlantide Phototravel ; Corse © Radius Images ; Thaïlande © Felix Hug ; mosquée © Ken Welsh / Design Pics ; p. 83 © Thomas Rodriguez ; p. 87 salade de thon © Envision ; sandwich © The food passionates ; salade de pâtes © The food passionates ; banane © Purestock / Superstock ; p. 95 éclairs © Image Source ; macarons © Radius Images ; gâteau au chocolat © Poplis Paul / The food passionates ; p. 97 © moodboard ; p. 113 © Les and Dave Jacobs / Cultura ; p. 114 © Jean-Daniel Sudres / Hemis ; p. 126 candidat © Buero Monaco / Zefa ; recruteur © AID / amanaimages ; p. 137 © Paul Edmondson ; p. 145 © Billy Hustace ; p. 152 © Bernd Vogel ; p. 170 étape 1 © Billy Hustace ; étap. 1 © Stefanie Grewel ; étape 3 © Radius Images ; DVD Rom / mes docs / les fournitures de bureau © C.J. Burton

Getty : p. 22 bise © Fuse ; p.158 © Siri Stafford ; p. 159 © Altrendo Images

Photononstop : p. 37 © Spila Riccardo / Sime

Shutterstock : p. 10 © Volina ; p. 13 haut de la page © StockLite ; bas de page femme © Edler von Rabenstein / View Portfolio ; homme milieu © shiiarts / View Portfolio ; homme droite © Zsolt, Biczó / View Portfolio ; p. 14 photo 1 © Leonid and Anna Deduckh ; photo 3 © auremar ; photo 4 © blackpixel ; photo 5 © Yuri Arcurs ; photo 6 © Karen Roach ; photo 7 © Dmitriy Shironosov ; photo 8 © upthebanner ; photo 9 © ; p. 15 © Pressmaster ; p. 17 © Ing. Schieder Markus ; p. 22 femme à gauche © Goodluz ; p. 23 © Ing. Schieder Markus ; p. 26 photo a © AigarsR ; photo b © Nordling ; photo c © Africa Studio ; p. 27 haut © Dmitriy Shironosov ; oreiller © Vetal ; écouteurs © Igor Kovalchuk ; verre d'eau © IL Y A AKINSHIN ; jus d'orange © VictoriaKh ; serviette © Sarah2 ; journal © Lane V. Erickson ; couverts © aart ; sandwich © Nito ; masque © Nito ; p. 30 Max57 © Gordon Swanson ; Julie © Dubova ; SweetSo © Dionisvera ; Caro78 © zzoplanet ; Mathieu © Dubova ; p. 31 © Yuri Arcurs ; p. 32 été © Smileus ; printemp. © Dudarev Mikhail ; automne © S. Borisov ; hiver © Triff ; p. 33 haut © Anna Kucherova ; timbre © Brendan Howard ; p. 36 © Sarah Cheriton-Jones ; p. 43 © IDAL ; p. 45 © Szefei ; p. 54 © AISPIX by Image Source ; p. 56-57 © Losevsky Photo and Video ; étape 1 © INSAGO ; étape 2 © EDHAR ; étap. 3 © Yuri Arcurs ; étape 4 © Minerva Studio ; étape 5 © corgarashu ; p. 62 -63 lit © Loskutnikov ; jardin © dalebax ; fleur © Aleksei Potov ; p. 63 haut © .shock ; p. 65 chat © Mahita et Nemlaza ; cartons © cammep, Simbad, bannosuke ; p. 71 hôtel a © Brian A. Jackson ; hôtel b © anshar ; hôtel c © maturos1812 ; p. 77 haut © Nadezhda1906 ; guide touristique © lightpoet ; p. 79 © goodluz ; p. 80 Nadège © Golden Pixels LLC / View Portfolio ; Amir © Jan Martin Will / View Portfolio ; p. 81 tomates © matin ; courgettes © Viktar Malyshchyts ; carottes © Maks Narodenko ; haricots verts © foodonwhite ; pommes de terre © Nattika ; riz © Natallia Melnychuk ; pâtes © Nattika ; poulet © Senol Yaman ; bœuf © Volosina ; poisson © Alexander Raths ; fromage © Volodymyr Krasyuk ; yaourt © Margouillat photos ; gâteau © Tatiana Belova ; glace © M. Unal Ozmen ; fraises © Anna Kucherova ; pommes © Geschaft ; oranges © Maks Narodenko ; bananes © Maks Narodenko ; vin © Julian Rovagnati ; eau © Evgeny Karandaev ; p. 87 tarte aux pommes © Margouillat photo ; tasse de café © Paolo Vairo ; eau © Evgeny Karandaev ; fruits © Sven Hopp. ; yaourt © Margouillat photo ; p. 88 © Nitr ; p. 90-91 © Diego Cervo ; p. 93 © Marina Grau ; p. 94 photo 1 © Stephen Orsillo ; photo 2 © Kedrov ; photo 3 © Ronald Summers ; photo 4 © AddyTsi ; photo 5 © Lisovskaya Natalia ; photo 6 © Jiri Hera ; photo 7 © Fesus Robert ; photo 8 © Margouillat photo ; photo 9 © Volodymyr Krasyuk ; photo 10 © Yeko Photo Studio ; p. 95 tablette © Robnroll ; plage © Maria Skaldina ; billets © Murphylgor ; p. 96 annonce 1 © DanielW ; annonce 2 © photobank.ch ; p. 98 photo 1 © Karkas ; photo 2 © Kitch Bain ; photo 3 © Karkas ; photo 4 © Photobac ; photo 5 © Sagir ; photo 6 © Terekhov Igor ; p. 99 © GoodMood Photo ; p. 104 © Kzenon ; p. 105 photo 1 © Ken Hurst ; photo 2 © Austin Adams ; photo 3 © Lucky Business ; photo 4 © Elena Elisseeva ; photo 5 © Yuri Arcurs ; photo 6 © StockLite ; p. 106-107 © ssguy ; p. 106 étape 1 © Adiasz ; étape 2 © Stefan Ataman ; étape 3 © Deklofenak ; étape 4 © 101imges ; étape 5 © Vartanov Anatoly ; p. 108-109 © Gabi Moisa ; p. 115 © Deyan Georgiev ; p. 117 © Ersler Dmitry ; p. 122 © Kurhan ; p. 123 © Diego Cervo ; p. 124-125 © Nagy-Bagoly Arpad ; p. 129 © StockLite ; p. 131 © Andrey_Popov ; p. 133 © Dmitriy Shironosov ; p. 138 © S_L ; p. 140-141 © pan_kung ; p. 143 haut © Mikhail Klyoshev ; mobilier de bureau © SoleilC ; p. 147 © Adriano Castelli ; p. 149 haut © Voronin76 ; bas © Boris Stroujko ; p. 151 © sabri deniz kizil ; p. 153 © Patrick Wang ; p. 156-157 © Blend Images ; p. 158 © wavebreakmedia ; p. 159 © ded pixto ; p. 161 © Notar YES ; p. 165 © Victor Newman ; p. 169 © Brian A. Jackson ; p. 170 haut © hin255 ; bas © Cheryl Savan ; p. 172-173 © prcuciatti ; étape 4 © pcruciatti ; étape 5 © Lincoln Rogers

Sud-Ouest : p. 121 © Bertrand Lapègue

 Ce pictogramme renvoie aux contenus du DVD-ROM encarté dans ce livre.

Couverture : Véronique Lefebvre
Création du graphisme intérieur : Véronique Lefebvre
Mise en pages : Anne-Danielle Naname, Juliette Lancien
Secrétariat d'édition : Sarah Billecocq
Illustrations : Xav' (plans p. 64-65 ; p. 162)
Éléments graphiques : Shutterstock
Cartographie : Pascal Thomas – Hachette Éducation

ISBN : 978-2-01-156007-0
©Hachette Livre 2013, 58 rue Jean Bleuzen, CS 70007, 92178 Vanves Cedex

Achevé d'imprimer en Italie par LEGO. Dépôt légal : juin 2017 - Collection n° 27 - Edition 05 - 15/6007/7

Avant-propos

Pragmatique dans son approche, **structurée** dans sa démarche et **claire** dans sa progression, *Objectif Express 1* Nouvelle édition est une méthode de français qui s'adresse à un public de débutants et faux débutants en situation professionnelle ou en préparation à la vie active souhaitant acquérir les compétences décrites dans le Cadre européen commun de référence pour les langues pour les **niveaux A1 et A2**.

Objectif Express 1 Nouvelle édition, répond à des **besoins immédiats et urgents** d'apprentissage pour permettre à l'apprenant de développer rapidement une autonomie langagière à l'écrit et à l'oral. Pour cela, la méthode propose un parcours pédagogique limpide et opérationnel privilégiant une **approche actionnelle** axée sur la **réalisation de multiples tâches** concrètes et simples ancrées dans le monde du travail et permettant à l'apprenant d'agir avec ou pour des francophones.

- Grâce à des **rubriques modifiées** pour **plus d'actions**, à des **documents renouvelés** ou actualisés prenant en compte l'évolution du monde professionnel, à l'introduction de trois **scénarios professionnels** concrets, à l'ajout d'une page *Repères professionnels* permettant de mieux appréhender des documents professionnels et des codes de la culture d'entreprise française, d'un **DVD-ROM** contenant des ressources utiles et des **séquences vidéos** sur des thématiques exclusivement professionnelles, *Objectif Express 1* Nouvelle édition est encore plus efficace et facilite l'acquisition de compétences de manière économique et rapide.

- Chacune des dix unités s'articule autour de tâches à visée professionnelle ou para-professionnelle. Celles-ci sont décrites en début d'unité dans un contrat d'apprentissage avec les compétences fonctionnelles et linguistiques à acquérir et à développer pour les réaliser.

- Les documents de chaque unité permettent, d'une part, de se familiariser avec des situations d'entreprise et, d'autre part, de s'entraîner à **agir et/ou réagir** par la réalisation de tâches simples proposées dans la rubrique *Réagissez*. La rubrique *Retenez* répertorie l'essentiel des énoncés clés à retenir ainsi que le lexique à acquérir pour la réalisation des tâches. L'apprenant est par la suite amené à mobiliser tous ses savoirs et savoir-faire ainsi que son savoir-être et ses compétences générales personnelles et professionnelles pour être capable d'accomplir avec succès les tâches proposées dans la rubrique *Passez à l'action*. Ces tâches font souvent appel à la complémentarité des activités langagières.

- Les points de langue abordés dans l'unité sont présentés sous forme de tableaux synthétiques dans la double page *Outils linguistiques* et sont accompagnés d'exercices d'application facilitant la systématisation de ces points de langue.

L'acquisition de savoirs socioculturels et le développement d'une prise de conscience interculturelle se font par l'intermédiaire d'activités pédagogiques variées proposées dans les pages *Repères culturels*.

Objectif Express 1 Nouvelle édition, c'est enfin un **dispositif d'évaluation** complet :
– des pages *Testez-vous* pour s'auto-évaluer et pour se préparer efficacement au DFPA2 (Diplôme de français professionnel) de la CCIP ;
– des **bilans** dans le guide pédagogique ;
– un **portfolio** dans le DVD-ROM.

Avec Objectif Express 1 Nouvelle édition, l'enseignement/apprentissage du français devient un plaisir et le succès est forcément au rendez-vous !

Yves PORTELLI
Directeur des relations internationales de l'enseignement
Chambre de commerce et d'industrie de région Ile-de-France

TABLEAU DES CONTENUS

Unité	Tâches visées	Compétences fonctionnelles à acquérir / développer	Outils Grammaire
1 Entrez en contact !	• Entrer en contact avec quelqu'un • Remplir un formulaire • Faire des démarches simples pour obtenir un document	• Se présenter et présenter quelqu'un • Saluer et répondre à des salutations • Demander et donner des informations sur l'état civil, la profession, le lieu de travail, l'adresse • Demander et indiquer l'objet d'une visite • Épeler • Donner son accord de manière simple	• Le verbe *être* • Le verbe *s'appeler* • Les articles indéfinis *un / une / des* • Le masculin et le féminin des noms et des adjectifs • Le verbe *aller* • Les adjectifs interrogatifs *quel / quelle* • Les adjectifs possessifs *mon / ma / mes / votre / vos* • Les prépositions *à, dans, chez*
2 Faites connaissance !	• Aborder une personne pour obtenir quelque chose ou pour bavarder • Faire connaissance • Parler de soi, de ses activités, du temps qu'il fait	• Aborder une personne, demander et donner quelque chose • Remercier • Dire sa profession avec précision • Demander et donner des précisions sur la situation de famille • Demander / dire l'âge • Compter jusqu'à 59 • Indiquer des habitudes / la fréquence d'une action • Exprimer des goûts • Décrire des sensations • Décrire la météo • Exprimer des souhaits	• Les prépositions *en, à (au, aux)* • Les verbes en *-ER* • Les verbes *avoir* et *faire* • La forme négative • Les articles définis *le / la / l' / les* • Les adjectifs possessifs (suite) • Les pronoms toniques • Les prépositions *chez, dans, pour*
3 Communiquez en ligne !	• Avoir une conversation téléphonique simple • Laisser un message simple sur un répondeur • Rédiger un courriel simple, un texto	• Utiliser les formules d'usage au téléphone • Compter jusqu'à 99 • Faire des propositions • Utiliser les formules de politesse • Donner des instructions • Inviter quelqu'un • Exprimer une obligation	• Les pronoms personnels *te* et *vous* • L'expression de la cause : *parce que* • La préposition *à* pour désigner des lieux et des personnes • Des indicateurs de temps • Les verbes *pouvoir* et *devoir* • Les verbes en *-DRE* et en *-IR* • L'interrogation fermée : *est-ce que*
Scénario professionnel	ORGANISER UNE CONFÉRENCE		
4 Partez en déplacement !	• Réserver et acheter un titre de transport • Se débrouiller dans un l'hôtel • Orienter quelqu'un ou s'orienter dans un bâtiment ou une ville	• Demander et exprimer le souhait • Donner des instructions ou suggérer une action • Décrire un hôtel et donner des caractéristiques • Indiquer / Demander l'emplacement d'un bâtiment / d'un objet • Indiquer un itinéraire, une direction ou une localisation • Compter jusqu'à 1000 • Indiquer un prix • Se renseigner • Demander / Donner des indications horaires • Indiquer un moyen de déplacement	• Les pronoms interrogatifs • L'impératif des verbes en *-ER* • Les adjectifs qualificatifs • Les adjectifs ordinaux • Les articles contractés • Les expressions impersonnelles avec *il* : *il y a, il est, il fait* • Le pronom sujet *on* • Les verbes : *prendre, sortir, partir, vouloir, savoir*
5 Organisez votre journée !	• Parler de ses activités quotidiennes • Expliquer ses habitudes alimentaires • Donner des consignes de travail et demander des explications	• Décrire des habitudes • Indiquer un moment • Exprimer la fréquence • Indiquer des activités sportives • Indiquer des actions proches ou des projets • Donner des instructions • Indiquer la provenance ou la destination • Parler d'un rendez-vous • Parler de repas et décrire des habitudes alimentaires • Indiquer une chronologie • Obtenir des explications ou des précisions • Donner des appréciations positives	• Les formes interrogatives : soutenue, familière et standard • Les verbes pronominaux • Les verbes *aller, partir, venir* et *arriver* et les prépositions *à* et *de* • Le futur proche • Les articles partitifs • Le complément de nom • Les adjectifs démonstratifs

linguistiques		Repères culturels (socioculturels, interculturels, sociolinguistiques)	Repères professionnels
Lexique	Phonétique		
• Les noms de professions • Les fonctions dans l'entreprise • Les mois de l'année	• Prononciation des lettres de l'alphabet • Les caractères spéciaux • L'adresse électronique • Rythme et accentuation • Le *e* muet	Les salutations	Au travail : *TU* ou *VOUS* dans les premiers contacts ?
• Les liens familiaux • Des secteurs d'activité • Les nombres (→ 59) • Les goûts • Les sensations • Des activités dans l'avion • La météo • Les saisons	• Les groupes rythmiques • Les enchaînements et les liaisons	Faire connaissance	Les entreprises françaises
• Les nombres (→ 99) • Les jours de la semaine • Les activités de loisirs • La communication téléphonique et informatique	• Prononciation des consonnes finales • Enchaînements et liaisons dans les nombres	Téléphoner en France	Bien rédiger ses courriels professionnels
• Les voyages en train • L'hôtellerie • La localisation • Des actions de déplacement • Les lieux d'un bâtiment • Les moyens de déplacement • Les nombres (→ 1 000)	• L'intonation dans les questions fermées • Phonie-graphie : *ou / ai / oi / au / eau*	• Les transports en commun • Les types d'hébergement	Les frais professionnels
• Des partenaires professionnels • Des activités professionnelles • Les voyages en avion • Les repas et les plats • Internet	• L'intonation dans les questions ouvertes • Le *e* caduc	• Les repas et les habitudes alimentaires des Français • Une invitation chez des Français	• Les horaires de travail en France • Les repas d'affaires

TABLEAU DES CONTENUS

Unité	Tâches visées	Compétences fonctionnelles à acquérir / développer	Outils Grammaire
6 Faites le bon choix !	• Commander un repas au restaurant • Effectuer des achats courants dans des magasins ou en ligne • Trouver un logement	• Prendre et passer une commande • Interroger sur / décrire un plat, un produit, un logement • Demander l'addition • Indiquer la somme totale / le prix • Demander et préciser un choix • Décrire un appartement • Rapporter des actions passées	• Les pronoms COD *le / la / les* • Les pronoms interrogatifs : *Qu'est-ce que… ? Que…? Quoi… ?* • Les adjectifs et les pronoms démonstratifs • Les pronoms interrogatifs *lequel / laquelle / lesquel(le)s* • Les comparatifs • Le passé composé • Les indicateurs de temps du passé

| Scénario professionnel | | PRÉPARER UN VOYAGE D'AFFAIRES EN FRANCE | |

Unité	Tâches visées	Compétences fonctionnelles à acquérir / développer	Outils Grammaire
7 Présentez une entreprise !	• Parler d'une entreprise et de son organisation • Comprendre et donner des explications simples sur un processus de fabrication • Comprendre et rédiger un règlement simple	• Décrire une entreprise : historique, situation, organisation, activité • Donner des chiffres-clés • Décrire des qualités personnelles et professionnelles • Indiquer la composition d'un produit • Décrire un processus simple et la chronologie des actions • Indiquer une durée • Exprimer l'obligation et l'interdiction dans un règlement • Préciser une exception ou un cas particulier dans un règlement	• Le présentatif *c'est* • L'adverbe *très* • Le pronom personnel indéfini *on* • Les relatifs simples *qui / que* • La forme active et la forme passive (sensibilisation) • Les verbes *produire, construire, vendre, mettre, tenir*
8 Trouvez un emploi !	• Comprendre et rédiger une offre d'emploi simple • Rédiger un CV simple • Échanger lors d'un entretien professionnel	• Décrire un poste • Décrire des compétences et des qualités professionnelles • Parler de son expérience professionnelle • Parler des conditions de travail (salaire, avantages, congés)	• La nominalisation • Le passé récent • *Il y a / en / depuis / pendant* • L'imparfait d'habitude (sensibilisation) • La forme négative : *ne… pas, ne… plus, ne… jamais* • Le pronom relatif *où* • Les mots interrogatifs composés • Les verbes *connaître* et *savoir*
9 Faites des projets !	• Participer à des actions / discussions simples concernant l'environnement de travail • Comprendre et rédiger de brèves notes pour des besoins professionnels • Élaborer un programme et faire le point sur les actions en cours ou à venir	• Décrire son environnement de travail • Introduire un sujet dans une réunion • Indiquer une action en cours ou à venir • Indiquer un résultat et décrire une évolution • Donner des consignes • Interroger sur un programme / un projet / un dossier • Faire / Accepter une suggestion	• Le pronom *y* • *De plus en plus / de moins en moins* • Le présent continu • La forme négative du passé composé • Le futur simple • Les pronoms COI
10 Réglez les problèmes !	• Suivre des instructions sur une boîte vocale • Effectuer des opérations bancaires simples • Échanger sur un problème • Raconter brièvement un événement • Rédiger une lettre de réclamation simple • Faire une déclaration orale ou écrite suite à un vol	• Comprendre et fournir des renseignements bancaires • Nommer les parties du corps et décrire des symptômes • Décrire les problèmes d'un appareil • Indiquer comment manipuler un appareil • Décrire une personne • Raconter un événement	• Le conditionnel de politesse • Le pronom *en* • Le gérondif (sensibilisation) • Le pronom démonstratif *ça* • Le passé composé et l'imparfait

| Scénario professionnel | | CRÉER UNE ENTREPRISE DE COMMERCE ÉQUITABLE SUR INTERNET | |

| linguistiques | | Repères culturels (socioculturels, interculturels, sociolinguistiques) | Repères professionnels |
Lexique	Phonétique		
• La restauration • La vente • La location • Les pièces d'un logement • Les achats (en ligne) • Les vêtements	• Le son [e] • Discrimination [e] et [ɛ]	Les Français à table	À chaque métier son style
• Les points cardinaux • Les commerces et les commerçants • L'hygiène • Les personnes de l'entreprise	• [y] et [u] • Le son [s]	L'entreprise en France	La culture d'entreprise : rites et codes sociaux
• Les offres d'emploi • Les différentes rubriques d'un CV • Le secteur technique	• [o] et [ɔ] • Discrimination auditive des verbes en -ER au présent et à l'imparfait	Les salaires en France	La lettre de motivation
• Le mobilier de bureau • Le lexique familier du travail • Les réunions • Les inscriptions • Les sorties	• Le son [r] • Les sons [ã] et [ɔ̃]	Le bien-être au travail	Bien rédiger une lettre professionnelle
• Les opérations bancaires • Les parties du corps • Le vocabulaire médical • Les spécialistes courants • Les machines et les appareils • Les couleurs	• [p] et [b] • Le son [v]	Les Français et les moyens de paiement	Les messageries téléphoniques professionnelles

Entrez en contact !

A1

Pour être **capable**

› **d'entrer en contact avec quelqu'un**
› **de remplir un formulaire**
› **de faire des démarches simples pour obtenir un document**

Vous allez **apprendre à**

› vous présenter et présenter quelqu'un
› saluer et répondre à des salutations
› demander et donner des informations sur l'état civil, la profession, le lieu de travail, l'adresse
› épeler
› donner votre accord de manière simple

Vous allez **utiliser**

› le verbe *être*
› le verbe *s'appeler*
› les articles indéfinis *un / une / des*
› le masculin et le féminin des noms et des adjectifs
› le verbe *aller*
› les adjectifs interrogatifs *quel / quelle*
› les adjectifs possessifs *mon / ma / mes / votre / vos*
› les prépositions *à, dans, chez*

⚠ **Pensez à consulter** ◎ Mon lexique

A Coopération internationale

1 Écoutez  Mes audios ▸ 01

Dans un colloque international

— Bonjour, je m'appelle Shanaz Haba, je suis indienne, je suis ingénieure dans une entreprise française à Toulouse. Je parle français et anglais avec mes collaborateurs à l'étranger. Ils sont espagnols, allemands, américains et canadiens.

— Bonjour, mon nom est Thomas Dufaux. Je suis belge et je suis informaticien à Bruxelles. Je suis en contact avec des entreprises asiatiques, australiennes et sud-africaines. Les langues de travail sont l'anglais, le japonais et le chinois.

2 Réagissez

1. **Écoutez les présentations et pour chaque personne, complétez la fiche suivante.**

Nom :	....
Prénom :	....
Nationalité :	....
Profession :	....
Lieu de travail :	....
Langues parlées :	....

2. **Indiquez sur la carte où sont les collaborateurs de Shanaz (X) et de Thomas (▲).**

3 | Retenez

Pour se présenter :
Je m'appelle Shanaz Haba.
Mon nom est Thomas Dufaux.
Shanaz Haba.
Je suis Thomas Dufaux.

Pour indiquer la nationalité ou l'origine :
Je suis **indien / indienne**.
Mes collègues sont **chinois, allemands, brésiliens**…

Je suis dans une entreprise **française**.
Je suis en contact avec des entreprises **asiatiques**.

Pour indiquer une langue parlée :
Je parle **anglais** et **français**.
Les langues de travail sont **le japonais** et **le chinois**.

Pour indiquer la profession :
Je suis **ingénieur(e) / informaticien(ienne)**…

Des professions :
architecte ● avocat(e) ● chercheur(euse) ● comptable ●
consultant(e) ● guide ● informaticien(ienne) ● ingénieur(e) ●
interprète ● journaliste ● médecin ● professeur(e) ●
secrétaire ● styliste

**Pour indiquer la ville de résidence / le lieu
de travail :**
Je suis ingénieure **dans une entreprise** française **à Toulouse**.
Je suis informaticien **à Bruxelles**.

4 | Passez à l'action

Présentations.
Vous participez au colloque international.
**Présentez-vous : prénom, nom, nationalité, profession, lieu de travail, nationalité de l'entreprise,
nationalités des collaborateurs, langues de travail.**

B Enchanté !

1 Écoutez Mes audios ▶ 02

M. Lopez :	Bonjour, Mme Dumarty. Vous allez bien ?
Mme Dumarty :	Très bien, merci M. Lopez. Et vous ?
M. Lopez :	Ça va, merci. Je vous présente mon collègue Jean Fourcade. Il est responsable marketing chez nous.
Mme Dumarty :	Bonjour, monsieur.
M. Lopez à Jean Fourcade :	Jean, je te présente Mme Dumarty, directrice de la communication chez Nofisa.
Jean Fourcade :	Enchanté !

2 Réagissez

Les 3 personnes sont à une réunion. Cochez leurs noms dans la liste des participants. Puis complétez leurs badges (prénom + nom, profession, société).

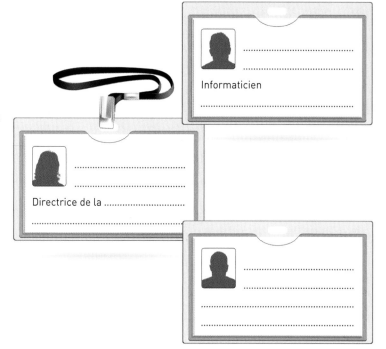

Informaticien

Directrice de la ....

Nom et prénom	Société	
DUMARTY Anne	Nofisa	☐
FOURCADE Jean	GF3000	☐
LECLERC Julia	Nofisa	☐
LOPEZ Pascal	GF3000	☐
MERCIER Jean	BFV	☐

3 Retenez

Pour saluer :

Bonjour, comment | vas-tu ?
| allez-vous ?
| ça va ?

Pour répondre à des salutations :
Très bien, merci.
Ça va bien, merci.

Pour présenter quelqu'un :
Je vous présente…
Je te présente…

Pour répondre à des présentations :
Enchanté(e).
Bonjour, madame / monsieur.

Pour préciser la profession / la fonction et le nom de la société :
M. Fourcade / **Il est** responsable marketing **chez** nous / **chez** GF 3000.
Mme Dumarty / **Elle est** directrice de la communication **chez** Nofisa.

Des fonctions dans l'entreprise :

Président(e) Directeur(trice) Général(e) (PDG)

Directeur (directrice)
- général(e)
- financier(ère) / commercial(e) / juridique
- de la communication / des ressources humaines

Responsable
- marketing / qualité / clientèle
- des achats

Chef
- de projet / de rayon / de service
- des ventes

Assistant(e)
- de direction
- commercial(e)

4 Passez à l'action

Rencontres.

1. **Vous êtes dans une conférence internationale. Présentez deux personnes de votre groupe.**

2. **Vous êtes avec une personne de votre groupe et vous rencontrez Sophie Baron, Julien Soral ou Marc Leoneti. Faites les présentations.**

   Je vous présente… (prénom + nom), … (profession) chez… (nom de l'entreprise) à… (lieu de travail).

Sophie **Baron**
Journaliste
TV 25
Lille

Julien **Soral**
Chef de produit
SILA
Genève

Marc **Leoneti**
Responsable qualité
MECA
Milan

C Voici un formulaire

Liberté • Égalité • Fraternité
RÉPUBLIQUE FRANÇAISE

République française
Ministère des Affaires étrangères

Formulaire de demande de visa

PHOTO
À
COLLER

1. Nom : *Rakoto*   2. Nom de jeune fille : *Rama*

3. Prénom(s) : *Valérie, Tiana*

4. Sexe : M ☐ F ☒   5. Date de naissance : *20 mars 1974*

6. Lieu de naissance : *Antananarivo*

7. Nationalité : *Malgache*

8. Adresse personnelle : *2 rue Raharinosy.*
     101 Antananarivo. MADAGASCAR

9. Situation de famille : Célibataire ☐   Marié(e) ☒   Séparé(e) ☐
     Divorcé(e) ☐   Veuf(ve) ☐

10. Profession : *Médecin*   11. Employeur : *Hôpital Girard*

---

2 Réagissez

Sélectionnez les 5 images qui correspondent aux informations sur la personne.

1.

2.

3.

4.

5.

6.

7.

8.

9.

---

3 Retenez

Pour indiquer la date :

Le 20 mars 1974

le jour   le mois   l'année

Les mois de l'année :

janvier • février • mars • avril • mai • juin • juillet • août • septembre • octobre • novembre • décembre

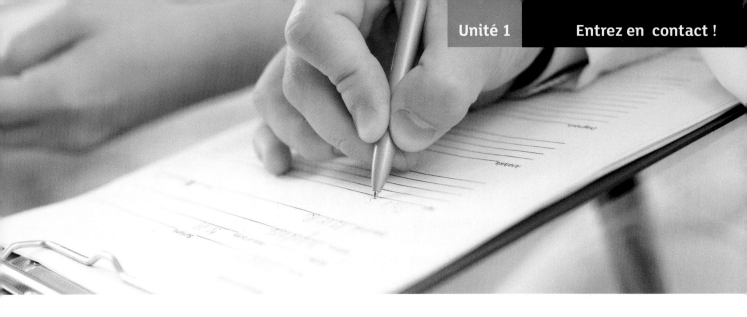

Pour indiquer la situation de famille :

Je suis

célibataire   marié(e)   séparé(e)   divorcé(e)   veuf/veuve   pacsé(e)

4 Passez à l'action

Contrat d'assurance.
Complétez votre formulaire pour une assurance de voyages.

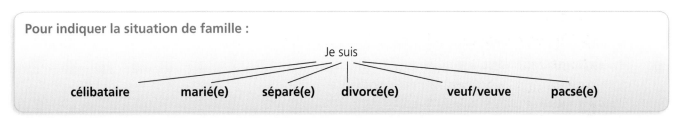

ASSURANCE VOYAGES

| ÉTUDIANTS | AFFAIRES | TOURISME |

INFORMATION > DEVIS > PAIEMENT > CONFIRMATION

Contrat temporaire

Contrat annuel

Votre devis

Votre souscription

Nos avantages

Qui sommes-nous ?

Partenaires

Sinistres

Nous contacter

Contactez-nous
du lundi au vendredi
de 9 h à 12 h
et de 13 h 30 à 18 h

Vos coordonnées

Madame
Mademoiselle
Civilité :   Monsieur   Nom de jeune fille :

Nom :   Prénom :

Date de naissance :   Nationalité :
(jj/mm/aaaa)

Lieu de naissance :

Adresse :

C.P.* :   Ville :

Pays :

Tél. :   Email :

Situation de famille :   Profession :

C.P.* : code postal

D Une demande de stage

1 Écoutez

 Mes audios ▶ 03

Dans un grand hôtel en France

Paula Nogueiras :	Bonjour, monsieur.
L'employé :	Bonjour, mademoiselle, c'est pour quoi ?
Paula Nogueiras :	C'est pour un stage dans votre hôtel.
L'employé :	Quelle est votre profession ?
Paula Nogueiras :	Actuellement, je suis réceptionniste dans un grand hôtel à Rio. Je parle anglais, portugais et français.
L'employé :	Quelle est votre nationalité ?
Paula Nogueiras :	Je suis brésilienne.
L'employé :	Très bien. Quel est votre nom ?
Paula Nogueiras :	Paula Nogueiras.
L'employé :	Comment ça s'écrit Nogueiras ?
Paula Nogueiras :	N.O.G.U.E.I.R.A.S.
L'employé :	Vous avez une adresse électronique ?
Paula Nogueiras :	Oui, c'est pano@privo.com.br.
L'employé :	Très bien, mademoiselle. Je vous contacte rapidement.
Paula Nogueiras :	Merci, monsieur, au revoir.

2 Réagissez

Vérifiez les informations et corrigez les erreurs.

* STAGE HÔTELLERIE *

NOM	PRÉNOM
Nojiras	Paula

ADRESSE ÉLECTRONIQUE
pano@priva.com.pr

PROFESSION	NATIONALITÉ
Réceptionniste	Italienne

3 Retenez

Les formules de politesse :
Bonjour, madame / mademoiselle / monsieur.
Merci, madame / mademoiselle / monsieur.
S'il vous plaît, madame / mademoiselle / monsieur.
Au revoir, madame / mademoiselle / monsieur.

Pour demander l'objet de la visite :
C'est pour quoi ?

Pour indiquer l'objet de la visite :
C'est pour | un stage.
           | un rendez-vous.

Pour demander des informations personnelles et des coordonnées :
L'identité : Quel est votre nom ? / Comment vous vous appelez ? / Comment vous appelez-vous ?
La nationalité : Quelle est votre nationalité ?
La profession : Quelle est votre profession ?
L'adresse : Quelle est votre adresse (postale) ? / Quelle est votre adresse électronique ?

Pour demander l'orthographe :
Comment ça s'écrit ?
Vous pouvez épeler ?

Pour indiquer son accord :
D'accord.
Très bien.

Pour épeler :   ◉ Mes audios ▶ 04-05-06

1. L'alphabet

Écoutez la prononciation des lettres.

A	B	C	D	E	F	G	H	I	J
K	L	M	N	O	P	Q	R	S	T
U	V	W	X	Y	Z				

2. Les caractères spéciaux
ll : deux l
é : accent aigu
è : accent grave
ê : accent circonflexe
ç : cédille
ï : tréma
l' : apostrophe

3. L'adresse électronique
@ : arobase
a, b, c : minuscule
A, B, C : majuscule
. : point
- : tiret
sansespace : sans espace / tout attaché
_ : tiret bas

---

4   Passez à l'action

Contacts.

1. Voici votre carnet d'adresses électroniques. Communiquez les adresses de deux contacts à une personne de votre groupe (épelez le nom et dictez l'adresse électronique).

Mickaël Baudouin	mbaudouin@free.fr	
Isabelle François	isafra@agorasearch.com	
Solène Mériot	smériot@bionix.com	

Société de l'Est	soest@netcourrier.com	
Julien Célestin	juju@club-internet.fr	
Sandrine Duelle	sandrineduelle@hotmail.com	

**2. Vous souhaitez compléter votre carnet d'adresses électroniques.
Demandez les nom, prénom et adresse électronique à 2 personnes de votre groupe.**

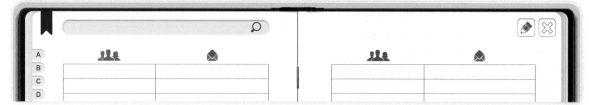

OUTILS LINGUISTIQUES

1 Le verbe *ÊTRE*

**Pour dire la nationalité /
le nom / la situation de famille /
la profession.**

Je **suis** indienne.
Il **est** informaticien.
Nos collaborateurs **sont** chinois.

Conjugaison

Je suis
Tu es
Il / Elle est
Nous sommes
Vous êtes*
Ils / Elles sont

⚠ * *Vous* (singulier) : pour une personne
inconnue ou peu connue, forme
de politesse.

Vous (pluriel) : pour deux personnes
ou plus.

2 Le verbe *S'APPELER*

Pour dire le nom et le prénom.

Comment vous **vous appelez** ?
Je **m'appelle** Nicolas Bouchez.

Conjugaison

Je m'appelle	Nous nous appelons
Tu t'appelles	Vous vous appelez
Il s'appelle	Ils s'appellent
Elle s'appelle	Elles s'appellent

3 Les articles indéfinis *UN / UNE / DES*

**Pour indiquer une quantité, une catégorie
de choses ou de personnes.**

Je suis ingénieure dans **une** entreprise française.

	Singulier	Pluriel
Masculin	**un** collaborateur	**des** collaborateurs
Féminin	**une** entreprise	**des** entreprises

4 Le masculin et le féminin des noms et des adjectifs

**Pour indiquer
la nationalité.**

Les adjectifs de nationalité	Masculin	Féminin	
américain – américaine	ain	+ e	Prononciation différente
français – française	ais	+ e	
allemand – allemande	and	+ e	
chinois – chinoise	ois	+ e	
australien – australienne	ien	+ ne	
coréen – coréenne	éen	+ ne	
argentin – argentine	in	+ e	
espagnol – espagnole	ol	+ e	Même prononciation
grec – grecque	c	+ que	
suisse	e	e	

**Pour indiquer
la profession
ou
la fonction.**

Les noms de profession	Masculin	Féminin	
assistant – assistante	ant	+ e	
directeur – directrice	teur	trice	
vendeur – vendeuse	eur	euse	⚠
infirmier – infirmière	er	ère	Exceptions : ingénieur – ingénieure / chanteur – chanteuse
informaticien – informaticienne	ien	ienne	
architecte – architecte comptable – comptable secrétaire – secrétaire styliste – styliste	e	e	

5 Le verbe *ALLER*

Pour demander / indiquer l'état physique.

Ça **va** ?
Comment **allez**-vous ? / Comment **vas**-tu ?
Je **vais** bien.
Ça **va** (bien), merci, et vous / toi ?

Conjugaison		
Je vais	Nous allons
Tu vas	Vous allez
Il va	Ils vont
Elle va	Elles vont

6 Les adjectifs interrogatifs *QUEL / QUELLE*

Pour demander des informations.

Masculin : **Quel** est votre nom ?
            Quel est votre prénom ?

Féminin : **Quelle** est votre adresse ?
         Quelle est votre nationalité ?

Nom et *prénom* sont **masculins** : **un** nom, **un** prénom
Adresse et *nationalité* sont **féminins** : **une** adresse, **une** nationalité

7 Les adjectifs possessifs *MON / MA / MES / VOTRE / VOS*

Pour indiquer l'appartenance.

Propriétaires	« Objet » possédé masculin singulier	« Objet » possédé féminin singulier	« Objets » possédés pluriel (masculin ou féminin)
Moi	**Mon** nom	**Ma** nationalité	**Mes** coordonnées
Vous	**Votre** nom	**Votre** nationalité	**Vos** coordonnées

⚠ ~~ma~~ entreprise → mon entreprise / ~~ma~~ adresse → mon adresse

8 Les prépositions *À*, *DANS*, *CHEZ*

Pour indiquer un lieu.

Je suis ingénieur **dans** une entreprise à Toulouse.
Il est informaticien **chez** Nofisa.

à Toulouse	chez Nofisa		dans une entreprise
à + **ville**	*chez* + **nom (personne, entreprise)**		*dans* + *un / une* + **lieu de travail**

PRONONCEZ ⊙ Mes audios ▸ 07-08-09

1. En français, la prononciation de la dernière syllabe est plus longue.
Écoutez et répétez.

a. Bon**jour**   b. Mer**ci**   c. Au re**voir**   d. Enchan**té**   e. Le pré**nom**   f. La nationali**té**   g. La profe**ssion**

2. Quand un mot ou un nom se termine par un « e », la dernière syllabe phonétique se termine par le son de la consonne avant le « e ». Cette syllabe est plus longue.
Écoutez et répétez les prénoms féminins.

a. Gabri**elle**   b. De**nise**   c. Hé**lène**   d. Péné**lope**   e. Char**lotte**   f. Véro**nique**   g. Clé**mence**
    [ɛl]   [niz]   [lɛn]   [lɔp]   [lɔt]   [nik]   [mãs]

3. Dans un groupe rythmique, c'est la dernière syllabe du groupe qui est la plus longue.
Écoutez et répétez.

a. Bon**jour** !	b. Enchan**té** !	c. Voi**ci** !
Bonjour ma**dame** !	Enchanté mon**sieur** !	Voici un formu**laire** !
Bonjour madame Mar**tin** !	Enchanté monsieur Cha**vanne** !	Voici un formulaire **bleu** !

ENTRAÎNEZ-VOUS

1. Présentations

a) Complétez votre badge.

Elsa KHOL — Allemagne
Hans BJORG — Suède
Juan DOMINGUEZ — Mexique

b) Présentez-vous et présentez les autres participants (prénom + nom + nationalité).

1. Je …   2. Elle …   3. Il …   4. Il …

2. Quelle est votre nationalité ?

Créez des mini-dialogues comme dans l'exemple.

Exemple : américain ➜ — Il est américain ? — Oui, il est de nationalité américaine.

1. indien   2. chinois   3. suisse   4. marocain   5. sénégalais
6. colombien   7. espagnol   8. polonais   9. danois   10. français

3. Au colloque

Complétez le dialogue avec le verbe *être* au présent.

— Bonjour, je … Paul Alliot et je vous présente Catherine Claude.
— Enchantée, mon nom … Barbara Schmitt. Je … allemande. Vous … français ?
— Oui, mais ma collègue … suisse.
— Les participants … dans la salle ?
— Oui, nous … en retard !!

4. Prêt pour le départ !

Complétez avec *mon* ou *ma*. (Vérifiez le genre des mots dans un dictionnaire.)

J'ai … carte d'identité avec … photo, … passeport avec … visa, … portefeuille avec … carte de crédit et … argent. J'ai aussi … ordinateur, … caméra et … téléphone. … valise est prête !

5. Quelles questions !

Complétez avec *quel* ou *quelle*.

1. … est votre prénom ?
2. … est votre ville de résidence ?
3. … est votre adresse ?
4. … est votre pays d'origine ?
5. … est votre situation de famille ?
6. … est votre fonction ?
7. … est votre domaine ?

6. Mon homologue

Complétez avec la profession qui correspond. (Attention au genre !)

1. Je suis **directeur** des ventes chez PMA. Elle est … chez Valo.
2. Je suis **informaticienne** chez Bulle. Il est … chez Dill.
3. Je suis **acheteuse** chez Infotique. Il est … chez Lecompte.
4. Je suis **consultant** chez Primati. Elle est … chez Agora.
5. Je suis **délégué commercial** chez Balmon. Elle est … chez Canelle.
6. Je suis **comptable** chez Grapy. Il est … chez Fraton.

TESTEZ-VOUS Mes audios ▶ 10-11-12

1. Premier contact

Écoutez la question et choisissez la réponse.

1. a. Bonjour, monsieur.
   b. Très bien, merci.

2. a. Ça va.
   b. Enchanté.

3. a. Je suis italien.
   b. Je suis ingénieur.

4. a. Je suis célibataire.
   b. 10 avenue de Paris à Versailles.

5. a. Je suis dans une entreprise à Rome.
   b. C'est pour un rendez-vous.

6. a. Secrétaire.
   b. M.A.R.T.I.N.

2. Une réunion chez Artemis International

Écoutez les participants se présenter et complétez la liste.

Nom et prénom	Nationalité	Profession	Lieu de travail
.... Ivanov	....	....	....
.... Martinez	....	....	....
Akemi	....	....	....
.... Gruber	....	....	....
.... Batista	....	Responsable	....
John Smith	....	Directeur	....

3. Un formulaire bien rempli

Écoutez et complétez le formulaire.

▶ DEMANDE D'OUVERTURE DE COMPTE   **BOURSO** BANQUE

| **1** IDENTIFICATION | **2** VOTRE COMPTE | **3** LIVRETS | **4** CONFIRMATION |

État civil ◯ Mme ◯ Mlle ◯ M.

Nom : _____   Prénom(s) : _____

Nom de jeune fille : _____

Date de naissance : 15 / .... /1980   Lieu de naissance : _____

Situation de famille : ◯ Célibataire ◯ Marié(e) ◯ Séparé(e) ◯ Divorcé(e) ◯ Veuf(ve)

Profession : _____

Adresse

Rue : 45 boulevard des Anglais   Ville : Nantes

Code postal : 44000   Pays : France

Vous contacter :

Téléphone : 06 99 65 12 11   Email : _____

Repères culturels

Les salutations

1. **Saluez les personnes de votre groupe comme dans votre pays (avec les gestes). Remarquez-vous des différences ?**

2. **Faites la liste des différentes façons de saluer dans le monde.**

Comment saluer ?

En France, pour saluer, on dit *bonjour* (le matin) ou *bonsoir* (le soir) suivi du prénom ou de *madame* / *mademoiselle* / *monsieur* ou de *madame* / *mademoiselle* / *monsieur* + le nom.

Vous serrez la main de vos collègues (le niveau hiérarchique n'est pas important).
Vous pouvez faire un geste de la tête ou de la main à un ami ou un collègue.
Vous pouvez embrasser vos amis et des connaissances.

Comment interpeller ?

Le nom ou le prénom ?
En France, on utilise le prénom pour les personnes proches (famille, amis, voisins, collègues) et on utilise *madame*, *mademoiselle* ou *monsieur* (+ le nom) pour une personne importante.
On dit : « Bonjour Annie » ou « Bonjour Monsieur (Langlet) ».
N'utilisez pas *madame*, *mademoiselle* ou *monsieur* + le prénom. Ne dites pas « ~~Madame Béatrice~~ ».
Pour certaines professions, on utilise le titre « docteur » pour un médecin ou un spécialiste de la santé, « maître » pour un avocat ou un notaire. On dit : « Je vous présente le docteur Bozon ou maître Beauchais ». On dit « Bonjour docteur » ou « Bonjour maître ».
En France, on n'utilise pas les titres universitaires pour saluer les personnes.

Et dans votre pays ? Utilisez-vous des titres pour présenter ou interpeller des personnes ?

Repères professionnels

Au travail : *TU* ou *VOUS* dans les premiers contacts ?

1. Réécoutez le dialogue B p. 12 « Enchanté ».
Choisissez : *TU* ou *VOUS* ?

	Tu	Vous
À une personne inconnue ou peu connue	☐	☐
À un(e) collègue proche	☐	☐

↘ Est-ce que cette différence existe dans votre pays ?

2. Lisez les règles puis complétez le tableau ci-dessous. Plusieurs réponses sont possibles.

> Au travail :
> – les Français utilisent *TU* (= tutoient) pour parler à un/une collègue proche.
> – les Français utilisent *VOUS* (= vouvoient) pour parler à un supérieur hiérarchique, à une personne importante, à un(e) client(e), à une personne plus âgée ou à un(e) collègue peu connu(e).
> Votre supérieur, un(e) collègue plus âgé(e) ou peu connu(e) peut vous proposer le tutoiement.
> Il/Elle pose la question : « On peut se tutoyer ? ».

Situation

Vous êtes dans une entreprise française et...	Vous dites TU ou VOUS ?	
1. vous rencontrez le directeur général.	☐	☐
2. vous parlez avec une personne de votre service.	☐	☐
3. votre supérieur vous dit : « On peut se tutoyer ? ».	☐	☐
4. votre collègue est beaucoup plus âgé que vous.	☐	☐
5. vous parlez à un client.	☐	☐
6. vous parlez à un collègue proche.	☐	☐

Dans la vie quotidienne, les Français tutoient les personnes proches (membres de la famille, amis) et les enfants. Ils vouvoient les personnes peu connues ou inconnues.

○ **Mes vidéos** ▸ Se présenter à un entretien

Faites connaissance !

A1

Pour être **capable**

> **d'aborder une personne pour obtenir quelque chose ou pour bavarder**
> **de faire connaissance**
> **de parler de vous, de vos activités, du temps qu'il fait**

Vous allez **apprendre à**

> aborder une personne, demander et donner quelque chose
> remercier
> dire votre profession avec précision
> demander et donner des précisions sur la situation de famille
> demander / dire l'âge
> compter jusqu'à 59
> indiquer des habitudes / la fréquence d'une action
> exprimer des goûts
> décrire des sensations
> décrire la météo
> exprimer des souhaits

Vous allez **utiliser**

> les prépositions *en*, *à* (*au*, *aux*)
> des verbes en *–ER*
> les verbes *avoir* et *faire*
> la forme négative
> les articles définis *le* / *la* / *l'* / *les*
> les adjectifs possessifs (suite)
> les pronoms toniques
> les prépositions *chez*, *dans*, *pour*

⚠ **Pensez à consulter** ◉ Mon lexique

A S'il vous plaît !

1 Écoutez   ○ Mes audios ▶ 13

Dans l'avion

1. **Passager 1 :** Excusez-moi, mademoiselle ! Je voudrais un café, s'il vous plaît.
   L'hôtesse : Voilà, monsieur !
   Passager 1 : Je vous remercie.

2. **Passager 2 :** S'il vous plaît, monsieur ! Vous avez des magazines ?
   Le steward : Oui, mademoiselle. Tenez.
   Passager 2 : Merci bien.

3. **Passager 3 :** Pardon, mademoiselle ! Je pourrais avoir une couverture, s'il vous plaît ?
   L'hôtesse : Bien sûr. Voilà madame.
   Passager 3 : Merci beaucoup.

2 Réagissez

Qu'est-ce qu'ils demandent ? Associez.

Passager 1 •   Passager 2 •   Passager 3 •

a.   b.   c.

3 Retenez

Pour aborder une personne :
S'il vous plaît, …
Pardon, madame / mademoiselle / monsieur, …
Excusez-moi, …

Pour demander quelque chose :
Je voudrais…
Vous avez un / une / des…, **s'il vous plaît** ?
Je pourrais avoir…

Pour donner quelque chose :
Voilà.
Tenez.

Pour remercier :
Je vous remercie.
Merci. / Merci bien.
Merci beaucoup.

4 Passez à l'action

Vous êtes dans un avion.
Une personne de votre groupe est l'hôtesse ou le steward. Vous l'appelez et demandez quelque chose.

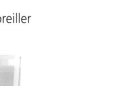

un oreiller

des écouteurs

un verre d'eau

un verre de jus d'orange

une serviette en papier

un journal

une cuillère / une fourchette /
un couteau

un sandwich

un masque

B Vous travaillez dans quoi ?

 Mes audios ▸ 14

Dans l'avion entre Lisbonne et Paris

M. Laperre :	Excusez-moi, vous êtes portugaise ?
Mme Ferreira :	Oui, mais j'habite en France. Et vous ?
M. Laperre :	Moi, je suis français mais je travaille au Portugal.
Mme Ferreira :	Vous travaillez dans quoi ?
M. Laperre :	Je suis dans la communication. Je travaille à Lisbonne pour une entreprise française. Et vous, vous travaillez dans quel secteur ?
Mme Ferreira :	Dans la vente sur Internet.
M. Laperre :	Et vous habitez à Paris ?
Mme Ferreira :	Oui. Avec mon mari et mes deux enfants.
M. Laperre :	Quel âge ont vos enfants ?
Mme Ferreira :	Mon fils a 12 ans et ma fille 8 ans.
M. Laperre :	Eh bien moi, je suis divorcé et j'ai deux garçons de 6 ans et 4 ans.

2 Réagissez

Complétez la fiche client d'Air Zen pour chaque passager.

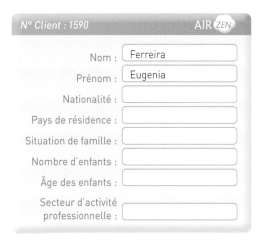

N° Client : 1590	AIR ZEN
Nom :	Ferreira
Prénom :	Eugenia
Nationalité :	
Pays de résidence :	
Situation de famille :	
Nombre d'enfants :	
Âge des enfants :	
Secteur d'activité professionnelle :	

N° Client : 1591	AIR ZEN
Nom :	Laperre
Prénom :	Cédric
Nationalité :	
Pays de résidence :	
Situation de famille :	
Nombre d'enfants :	
Âge des enfants :	
Secteur d'activité professionnelle :	

3 Retenez

Pour demander / préciser la profession :
Quelle est votre profession ?
Vous travaillez **dans quoi** ?
Vous travaillez **dans quel secteur** ?

Pour indiquer la profession / le secteur d'activité :
Je suis informaticien.
Je suis / Je travaille dans la communication.

Des secteurs d'activité
l'aéronautique • l'agroalimentaire • les assurances • le commerce • la communication • le conseil • l'enseignement • l'environnement • la finance • l'hôtellerie • l'industrie • l'informatique • la restauration • le tourisme • les transports

Pour indiquer un lieu de travail / un lieu de résidence (ville / pays) :

J'habite / Je travaille | **en** France.
| **au** Japon.
| **à** Paris.

Pour indiquer des liens de famille :

| Mon grand-père | Ma grand-mère | → Mes grands-parents |
| Mon père | Ma mère | → Mes parents |

Mon frère / Ma sœur   MOI   Mon mari / Ma femme

| Mon fils | Ma fille | → Mes enfants |
| Mon petit-fils | Ma petite-fille | → Mes petits-enfants |

Pour préciser la situation de famille :
J'ai des enfants. / Je n'ai pas d'enfants.
J'ai un fils / un garçon et une fille.

Pour demander l'âge :
Tu as / Vous avez quel âge ?
Quel âge as-tu / avez-vous ?
Quel est ton / votre âge ?
Quel âge a Éric ?
Quel âge ont les enfants ? / Ils ont quel âge ?

Pour indiquer l'âge :
J'ai 35 ans.
Il a 28 ans.
Mon fils a 12 ans.
J'ai deux garçons de 6 ans et 4 ans.

Pour compter jusqu'à 59 :

1	2	3	4	5	6	7	8	9	10
un	deux	trois	quatre	cinq	six	sept	huit	neuf	dix
11	12	13	14	15	16	17	18	19	20
onze	douze	treize	quatorze	quinze	seize	dix-sept	dix-huit	dix-neuf	vingt

	20 : vingt	**30 : trente**	**40 : quarante**	**50 : cinquante**
1	vingt **et** un	trente **et** un	quarante **et** un	cinquante **et** un
2	vingt-deux	trente-deux	quarante-deux	cinquante-deux
3	vingt-trois	trente-trois	quarante-trois	cinquante-trois
4	vingt-quatre	trente-quatre	quarante-quatre	cinquante-quatre
5	vingt-cinq	trente-cinq	quarante-cinq	cinquante-cinq
6	vingt-six	trente-six	quarante-six	cinquante-six
7	vingt-sept	trente-sept	quarante-sept	cinquante-sept
8	vingt-huit	trente-huit	quarante-huit	cinquante-huit
9	vingt-neuf	trente-neuf	quarante-neuf	cinquante-neuf

4 Passez à l'action

En avion.

1. **Vous êtes dans un avion. Faites connaissance avec votre voisin(e). Donnez des informations sur vous et posez des questions pour connaître la personne.**

2. **Lisez les fiches d'autres clients d'Air Zen et présentez ces personnes.**

N° Client : 2320   AIR ZEN

Nom : Kenett
Prénom : James
Nationalité : Britannique
Pays de résidence : Angleterre
Situation de famille : Célibataire
Nombre d'enfants : 0
Âge des enfants : 0
Secteur d'activité professionnelle : Aéronautique

N° Client : 2370   AIR ZEN

Nom : Ofenstrü
Prénom : Adela
Nationalité : Suédoise
Pays de résidence : États-Unis
Situation de famille : Mariée
Nombre d'enfants : 3
Âge des enfants : 17, 15, 12 ans
Secteur d'activité professionnelle : Enseignement

C En vol !

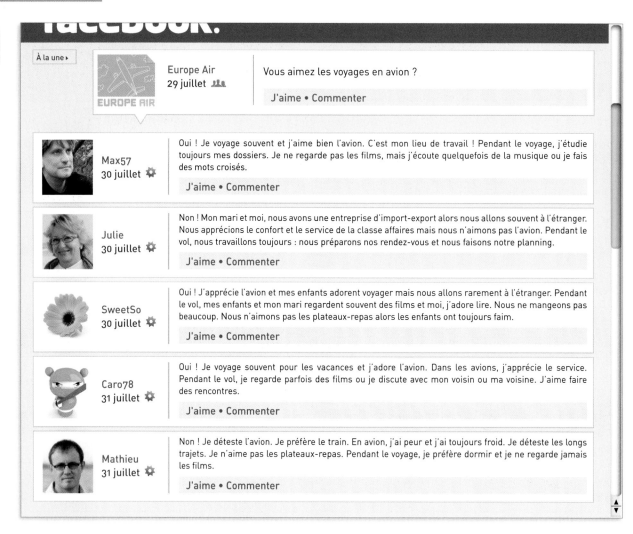

facebook.

À la une ▸

Europe Air
29 juillet 👥👥

Vous aimez les voyages en avion ?

J'aime • Commenter

Max57
30 juillet ⚙

Oui ! Je voyage souvent et j'aime bien l'avion. C'est mon lieu de travail ! Pendant le voyage, j'étudie toujours mes dossiers. Je ne regarde pas les films, mais j'écoute quelquefois de la musique ou je fais des mots croisés.

J'aime • Commenter

Julie
30 juillet ⚙

Non ! Mon mari et moi, nous avons une entreprise d'import-export alors nous allons souvent à l'étranger. Nous apprécions le confort et le service de la classe affaires mais nous n'aimons pas l'avion. Pendant le vol, nous travaillons toujours : nous préparons nos rendez-vous et nous faisons notre planning.

J'aime • Commenter

SweetSo
30 juillet ⚙

Oui ! J'apprécie l'avion et mes enfants adorent voyager mais nous allons rarement à l'étranger. Pendant le vol, mes enfants et mon mari regardent souvent des films et moi, j'adore lire. Nous ne mangeons pas beaucoup. Nous n'aimons pas les plateaux-repas alors les enfants ont toujours faim.

J'aime • Commenter

Caro78
31 juillet ⚙

Oui ! Je voyage souvent pour les vacances et j'adore l'avion. Dans les avions, j'apprécie le service. Pendant le vol, je regarde parfois des films ou je discute avec mon voisin ou ma voisine. J'aime faire des rencontres.

J'aime • Commenter

Mathieu
31 juillet ⚙

Non ! Je déteste l'avion. Je préfère le train. En avion, j'ai peur et j'ai toujours froid. Je déteste les longs trajets. Je n'aime pas les plateaux-repas. Pendant le voyage, je préfère dormir et je ne regarde jamais les films.

J'aime • Commenter

---

2 Réagissez

Vous travaillez pour une compagnie aérienne. Vous notez les avis des internautes.
Complétez un questionnaire par internaute.

1. Vous voyagez	☐ Seul	☐ En couple	☐ En famille	☐ En groupe

EUROPE AIR

2. But du voyage	☐ Voyage touristique	☐ Voyage professionnel

3. Fréquence de voyage	☐ Souvent	☐ Parfois / Quelquefois	☐ Rarement

4. Activités en vol :

	+++ Toujours	++ Souvent	+ Parfois / Quelquefois	- Rarement	-- Jamais
Regarder des films					
Écouter de la musique					
Lire					
Travailler / Étudier					
Jouer					
Dormir					

5. Vos appréciations :

	☺	☹
Service		
Confort		
Repas		

3 Retenez

Pour indiquer des habitudes et préciser la fréquence :
+++ Nous voyageons **toujours** en classe affaires.
++ Je voyage **souvent**.
+ J'écoute **quelquefois** de la musique.
– Nous allons **rarement** à l'étranger.

+++	++	+	–	– –
Toujours	Souvent	Parfois / Quelquefois	Rarement	Ne… jamais

Pour indiquer les goûts :
J'**adore** les voyages. / Mes enfants **adorent** voyager.
J'**aime bien** l'avion. / J'**aime** faire des rencontres.
Nous **apprécions** le confort et le service.
Je **déteste** l'avion. / Mon mari **déteste** lire en vol.
Je **n'aime pas** les plateaux-repas. / Nous **n'aimons pas** manger dans l'avion.
Je **préfère** le train. / Je **préfère** dormir.

😊 😊	😊	🙁	🙁 🙁	😊 < 😊 😊
Adorer	Aimer (bien) Apprécier	Ne pas aimer Ne pas apprécier	Détester	Préférer

Pour décrire des sensations :
Ils ont faim / soif.
J'ai froid / chaud.
J'ai peur.

Des activités dans l'avion :
dormir ● écouter de la musique ●
étudier ● jouer ● lire ● manger ●
regarder des films ● travailler

4 Passez à l'action

Quel client êtes-vous ?
1. **Complétez le questionnaire d'Europe Air (activité 2. Réagissez).**

2. **Participez au forum « Vous aimez les voyages en avion ? » (activité 1. Lisez).**
   Comme les internautes, indiquez vos goûts et vos activités habituelles en avion.

D Bienvenue à Paris !

1 Écoutez  Mes audios ▶ 15

« Mesdames, messieurs, nous arrivons à Paris, destination finale de notre voyage.
La température au sol est de 19° C, le ciel est clair, il fait beau, mais il y a du vent.
La compagnie Aéroplus vous souhaite une bonne fin de journée et un bon séjour en France. »

2 Réagissez

Quel temps fait-il ? Choisissez la bonne carte météo du jour.

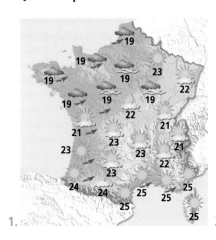

1.

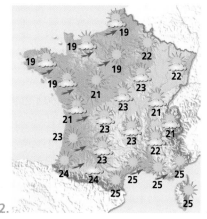

2.

3.

3 Retenez

Pour décrire le temps :
Il fait beau.
Il pleut.
Le ciel est clair / bleu / nuageux.
Il y a du vent / du soleil / des nuages.

Pour indiquer la température :
Il fait chaud / froid.
La température est de 19° C (degrés).
Il fait 19° C (degrés).

Pour exprimer des souhaits :
Bonne (fin de) journée / soirée !
Bon après-midi !
Bon séjour / voyage !
Bonnes vacances !

Les saisons

Le printemps

L'été

L'automne

L'hiver

4 Passez à l'action

Des nouvelles.

1. **Vous êtes en mission. Écrivez une carte postale à un ami francophone. Parlez de vos activités et du temps qu'il fait.**

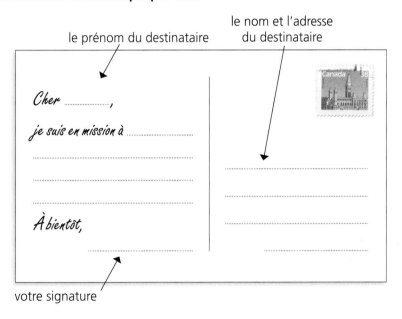

le prénom du destinataire

le nom et l'adresse du destinataire

Cher .... ,

je suis en mission à ....

....

....

À bientôt,

....

votre signature

Mesdames, Messieurs…

2. **Vous êtes steward ou hôtesse pour une compagnie aérienne. Choisissez la ville de destination de votre avion et trouvez la météo de cette ville sur Internet. Faites l'annonce dans l'avion.**

La météo des capitales.

3. **Vous travaillez pour une radio francophone et vous vous occupez de la rubrique météo. Choisissez 5 capitales et annoncez la météo aux auditeurs. Indiquez le nom de la capitale, le pays et le temps qu'il fait. Enfin, souhaitez une bonne journée aux auditeurs.**

OUTILS LINGUISTIQUES

1 Les prépositions EN, À (AU / AUX)

– Pour indiquer une ville ou un pays de résidence ou de destination.

Je travaille à Paris.	➡	*à* + ville
Je suis **au** Brésil.	➡	*au* + nom de pays masculin
J'habite **en** France.	➡	*en* + nom de pays au féminin
Je voyage **en** Argentine.	➡	*en* + nom de pays féminin commençant par une voyelle
Je vais **aux** États-Unis.	➡	*aux* + nom de pays au pluriel

– Pour nommer un pays.

La France **La** Chin**e** **La** Bolivi**e**	**Le** Canad**a** **Le** Japo**n** **Le** Luxembour**g**	**L'A**llemagne **L'I**talie **L'I**ndonésie
Un pays est féminin si le nom se termine par **e**.	Un pays est masculin si le nom ne se termine pas par **e**.	Pour un nom de pays commençant par une voyelle, l'article est **l'**.

⚠ Exceptions : **le** Mexique, **le** Cambodge, **le** Mozambique

2 La conjugaison des verbes en –ER

Observez.

Je travaille	**Ma femme** travaille	**Nous** travaillons	**Mes enfants** travaillent
Je voyage	**Mon mari** voyage	**Nous** voyageons	**Mes enfants** voyagent
J'écoute	**Il / Elle** écoute	**Nous** écoutons	**Ils / Elles** écoutent

La forme infinitive de ces verbes est en –ER (*travailler*, *voyager*, *écouter*).

Voici la conjugaison complète.

Conjugaison	TRAVAILLER		ÉCOUTER	
	Je travaille	Nous travaill**ons**	J'écoute	Nous écout**ons**
	Tu travaill**es**	Vous travaill**ez**	Tu écout**es**	Vous écout**ez**
	Il travaille	Ils travaill**ent**	Il écoute	Ils écout**ent**
	Elle travaille	Elles travaill**ent**	Elle écoute	Elles écout**ent**

◉ Mes audios ▸ 16

Écoutez la conjugaison complète du verbe *travailler* : quelles formes ont une prononciation différente ?
⚠ Devant une voyelle ou un h, **JE** ➡ **J'** (*j'écoute / j'habite*).
⚠ *Nous voyag**e**ons, nous mang**e**ons.*

3 La conjugaison des verbes AVOIR et FAIRE

LE VERBE *AVOIR*
**Pour demander ou indiquer l'âge /
la possession / une sensation / la présence.**

Vous **avez** un stylo ? / J'**ai** 2 enfants. ➡ la possession
Quel âge **ont** vos enfants ? / Mon fils **a** 12 ans. ➡ l'âge
J'**ai** peur en avion. / Les enfants **ont** souvent faim. ➡ une sensation
Il y **a** du vent. ➡ la présence

LE VERBE *FAIRE*
**Pour préciser des actions et pour
indiquer le temps qu'il fait (la météo).**

Je **fais** des mots croisés.
Nous **faisons** le planning.
Il **fait** beau.

Conjugaison			Conjugaison		
	J'ai	Nous avons		Je fais	Nous faisons
	Tu as	Vous avez		Tu fais	Vous faites
	Il a	Ils ont		Il fait	Ils font
	Elle a	Elles ont		Elle fait	Elles font

4 La forme négative

➕
J'aime l'avion.
Nous mangeons.
Je regarde les films.

➖
→ Je **n**'aime **pas** l'avion.
→ Nous **ne** mangeons **pas**.
→ Je **ne** regarde **pas** les films.

⚠ Devant une voyelle ou un *h*, **NE** ➜ **N'**
(*je n'aime pas*).

5 Les articles définis
LE / LA / L' / LES

Pour indiquer une généralité.

J'adore **la** classe affaires.
Nous apprécions **le** confort et **le** service.
J'aime bien **l'**avion.
Nous détestons **les** plateaux-repas des avions.

	Singulier	Pluriel
Masculin	**le** film / **l'**avion	**les** films / **les** avions
Féminin	**la** musique **l'**activité	**les** musiques **les** activités

⚠ *LE* et *LA* deviennent *L'* devant *a, e, i, o, u*
et *h* muet.

6 Les adjectifs possessifs

Pour indiquer l'appartenance.

	Masculin singulier	Féminin singulier	Pluriel (masculin ou féminin)
je	**mon** fils	**ma** fille	**mes** enfants
tu	**ton** fils	**ta** fille	**tes** enfants
il / elle	**son** fils	**sa** fille	**ses** enfants
nous	**notre** fils	**notre** fille	**nos** enfants
vous	**votre** fils	**votre** fille	**vos** enfants
ils / elles	**leur** fils	**leur** fille	**leurs** enfants

⚠ Le genre (M. ou F.) du possesseur n'est pas important.

7 Les pronoms toniques

Pour renforcer le sujet et pour interroger.

J'habite en France. Et **vous** ?
Moi, je suis français, mais je travaille au Portugal.

Moi, **je** suis français.	**Nous**, **nous** sommes suisses.
Toi, **tu** es chinois.	**Vous**, **vous** êtes brésiliens.
Lui, **il** est américain.	**Eux**, **ils** sont japonais.
Elle, **elle** est portugaise.	**Elles**, **elles** sont russes.

8 Les prépositions
CHEZ, DANS, POUR

Pour préciser la profession et le lieu de travail.

Je travaille…

chez	dans / pour	dans
Airbus.	une entreprise.	l'aéronautique.
Agoracom.	une société.	le commerce.
Thelmus.	un cabinet.	la communication.

PRONONCEZ  Mes audios ▶ 17-18

1. Écoutez les phrases.

a. Quelle est votre adresse ?
b. Quel est votre âge ? ➜ c. Trente-cinq ans.
d. Il habite au Portugal.
e. Je travaille à Lisbonne pour une entreprise française.

**Répétez les phrases sans vous arrêter
dans le groupe rythmique.**

2. Écoutez les liaisons dans les phrases.

a. Vous êtes portugaise ?
b. Mes amis travaillent à Paris.
c. Nous allons à l'étranger.
d. Vous avez des enfants ?
e. Ils adorent les avions.

Répétez les phrases.

ENTRAÎNEZ-VOUS

1. À l'aéroport

a) Ajoutez les terminaisons des verbes conjugués au présent.

1. Elle achèt... le journal.
2. Nous enregistr... nos bagages.
3. Je regard... les panneaux.
4. Les passagers écout... les annonces.
5. Les touristes montr... leurs passeports.
6. Nous pass... la douane.
7. Mon mari récupèr... les bagages.
8. Vous cherch... la porte d'embarquement.
9. L'hôtesse demand... la carte d'embarquement.
10. Il fai... froid.

b) Mettez les dix phrases précédentes à la forme négative.

2. Une bonne organisation

Complétez avec le pronom tonique qui correspond.

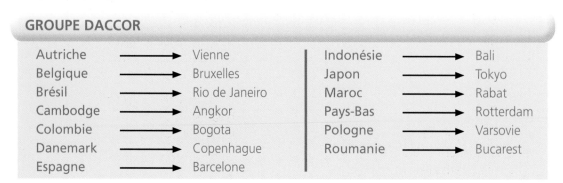

1. ... , nous organisons la conférence.

2. ... , vous réservez l'hôtel.

3. ... , il paye les factures.

4. ... , elles préparent les badges.

5. ... , ils contactent les clients.

6. ... , elle photocopie le programme.

7. ... , tu téléphones au directeur.

8. Et ... , je supervise !

3. En voyage d'affaires

Voici un extrait du répertoire du groupe Daccor. Indiquez où sont les hôtels de ce groupe, comme dans l'exemple.

Exemple : Le groupe Daccor a un hôtel **à** Vienne **en** Autriche.

GROUPE DACCOR			
Autriche	→ Vienne	Indonésie	→ Bali
Belgique	→ Bruxelles	Japon	→ Tokyo
Brésil	→ Rio de Janeiro	Maroc	→ Rabat
Cambodge	→ Angkor	Pays-Bas	→ Rotterdam
Colombie	→ Bogota	Pologne	→ Varsovie
Danemark	→ Copenhague	Roumanie	→ Bucarest
Espagne	→ Barcelone		

TESTEZ-VOUS

1. Échanges en vol

Écoutez la question et choisissez la réponse.  Mes audios ▸ 19

1. a. Il est journaliste.
   b. Je suis dans la finance.
   c. Je voyage en avion.

2. a. Je n'aime pas les mots croisés.
   b. J'apprécie la musique.
   c. Non, je déteste l'avion.

3. a. Non, je suis célibataire.
   b. J'ai une sœur.
   c. Nous avons deux enfants.

4. a. Il a 30 ans.
   b. J'ai 28 ans.
   c. J'ai un fils de 10 ans.

5. a. Excusez-moi.
   b. Pardon, monsieur.
   c. Bien sûr. Tenez, monsieur.

2. Entreprise

Lisez ce document et choisissez la bonne réponse.

Jean Pertuis est diplômé d'une école de commerce, il parle trois langues et il aime beaucoup voyager. Pour sa première expérience professionnelle, il préfère aller à l'étranger. Il trouve un travail comme responsable marketing à Singapour, chez Arcans International, un grand groupe aéronautique. Son père, Charles Pertuis, est le président directeur général de l'entreprise familiale Fragrance spécialisée dans les parfums. « En 2011, mon père m'appelle à Singapour, il cherche un directeur commercial » raconte Jean. « Je propose ma candidature et il accepte. » Aujourd'hui, Jean Pertuis a 34 ans et travaille dans l'entreprise familiale. Sa sœur et son beau-frère travaillent avec lui. Il s'occupe du développement de Fragrance en Asie et il est souvent dans les aéroports et les avions. « J'adore ce métier. L'entreprise marche bien. » dit Jean.

1. À Singapour, Jean Pertuis travaille dans quel secteur d'activité ?
   a. L'industrie.
   b. La santé.
   c. Le tourisme.

2. Il va en Asie pour
   a. travailler.
   b. étudier les langues.
   c. visiter des pays.

3. Il est
   a. le père de Charles Pertuis.
   b. le fils de Charles Pertuis.
   c. le frère de Charles Pertuis.

4. Charles Pertuis est
   a. responsable marketing.
   b. directeur commercial.
   c. président directeur général.

5. Aujourd'hui,
   a. le père et le fils ont des relations difficiles.
   b. le beau-frère dirige l'entreprise.
   c. deux enfants de Charles travaillent chez Fragrance.

6. Quel est le titre de l'article ?
   a. Travailler en famille.
   b. Bonnes relations avec l'Asie.
   c. Charles Pertuis : un homme exceptionnel.

Mon portfolio ▸ Unité 2

Repères culturels

Faites **connaissance**

1. Réécoutez le dialogue B p. 28 « Vous travaillez dans quoi ? » et notez les questions de l'homme et de la femme.

2. Un(e) Français(e) arrive dans votre pays. Il / Elle vous rencontre pour la première fois. Vous pouvez poser les mêmes questions ? Quelles questions vous ne pouvez pas poser ? Quelles autres questions vous pouvez poser ?

En France, on peut demander l'âge des enfants mais pas l'âge de la personne.

On peut poser des questions sur la famille, la nationalité, le travail, les voyages.

On peut parler du temps qu'il fait mais on ne pose pas de question sur la religion, l'argent, la politique.

Vous pouvez montrer votre intérêt pour la France, poser des questions sur les monuments, les musées, la cuisine, les régions françaises.

Les entreprises françaises

↘ **Quelles entreprises françaises connaissez-vous ?**
Quel est leur secteur d'activité ?

↘ **Quelles sont les entreprises françaises dans votre pays ?**
Quel est leur secteur d'activité ?

Les 10 premières entreprises françaises

Rang	Société		Secteur
1	TOTAL		Pétrole, chimie
2	CARREFOUR		Grande distribution
3	GDF-SUEZ		Eaux, BTP*, services
4	EDF		Électricité
5	PSA PEUGEOT CITROËN		Automobile
6	ORANGE		Télécommunications
7	GROUPE AUCHAN		Distribution
8	SAINT-GOBAIN		Production et distribution de matériaux de construction
9	LOUIS DREYFUS		Négoce et services
10	E. LECLERC		Hypermarchés

* Bâtiment et Travaux publics

↘ **Quelles sont les cinq premières entreprises de votre pays ?**

Complétez le tableau.

Rang	Société	Secteur	Ville / Pays d'implantation
1			
2			
3			
4			
5			

↘ **Quelles sont les entreprises de votre pays présentes en France ?**
Quel est leur secteur d'activité ?

Communiquez en ligne !

Pour être **capable**

⟩ **d'avoir une conversation téléphonique simple**
⟩ **de laisser un message simple sur un répondeur**
⟩ **de rédiger un courriel simple, un texto**

Vous allez **apprendre à**

⟩ utiliser les formules d'usage au téléphone
⟩ compter jusqu'à 99
⟩ faire des propositions
⟩ utiliser les formules de politesse
⟩ donner des instructions
⟩ exprimer une obligation
⟩ inviter quelqu'un

Vous allez **utiliser**

⟩ les pronoms personnels *te* et *vous*
⟩ l'expression de la cause : *parce que*
⟩ la préposition *à* pour désigner des lieux et des personnes
⟩ des indicateurs de temps
⟩ les verbes *pouvoir* et *devoir*
⟩ des verbes en *–DRE* et en *–IR*
⟩ l'interrogation fermée : *est-ce que*

⚠ **Pensez à consulter** Mon lexique

A Ne quittez pas !

1 Écoutez Mes audios ▶ 20

Au standard de la société Démépro

La standardiste :	Société Démépro. Bonjour !
M. Pilat :	Bonjour, madame. Je voudrais parler à M. Masson, s'il vous plaît.
La standardiste :	Oui, c'est de la part de qui ?
M. Pilat :	M. Pilat.
La standardiste :	C'est à quel sujet ?
M Pilat :	Eh bien, c'est pour notre dossier « Japon ».
La standardiste :	Un instant, s'il vous plaît. Ne quittez pas.
…	
La standardiste :	Je suis désolée, le poste ne répond pas. Je peux prendre vos coordonnées ?
M. Pilat :	Oui, bien sûr.
La standardiste :	Pouvez-vous épeler votre nom, s'il vous plaît ?
M. Pilat :	PILAT. P comme Pierre, I, L comme Louis, A et T comme Thérèse. Alors, mon numéro de téléphone est le 06 81 78 94 63. J'attends son appel. C'est urgent.
La standardiste :	Très bien. C'est noté.
M. Pilat :	Je vous remercie.
La standardiste :	Je vous en prie. Au revoir.

Mes docs ▶ Alphabet officiel des prénoms pour épeler

2 Réagissez

Vous êtes la standardiste
de la société Démépro.
Complétez la fiche téléphonique.

3 Retenez

Pour indiquer un nombre (de 60 à 99)

	60 : soixante	70 : soixante-dix	80 : quatre-vingts	90 : quatre-vingt-dix
1	soixante et un	soixante et onze	quatre-vingt-un	quatre-vingt-onze
2	soixante-deux	soixante-douze	quatre-vingt-deux	quatre-vingt-douze
3	soixante-trois	soixante-treize	quatre-vingt-trois	quatre-vingt-treize
4	soixante-quatre	soixante-quatorze	quatre-vingt-quatre	quatre-vingt-quatorze
5	soixante-cinq	soixante-quinze	quatre-vingt-cinq	quatre-vingt-quinze
6	soixante-six	soixante-seize	quatre-vingt-six	quatre-vingt-seize
7	soixante-sept	soixante-dix-sept	quatre-vingt-sept	quatre-vingt-dix-sept
8	soixante-huit	soixante-dix-huit	quatre-vingt-huit	quatre-vingt-dix-huit
9	soixante-neuf	soixante-dix-neuf	quatre-vingt-neuf	quatre-vingt-dix-neuf

Pour saluer au téléphone (dans un contexte formel / professionnel) :
Nom | *de la personne*
      | *de la société* + bonjour !
      | *du service*

APPELER UN CORRESPONDANT

Pour demander à parler à quelqu'un :
Bonjour, je voudrais parler | à M. Masson.
                            | à la responsable du service.

Pour dire l'objet de l'appel :
C'est au sujet de/d'…
C'est pour...

Pour demander de faire quelque chose :
Vous pouvez…, s'il vous plaît ?
Pouvez-vous…, s'il vous plaît ?
Je peux laisser un message ?

Pour répondre à un remerciement :
Je vous en prie.
De rien.

RÉPONDRE À UN CORRESPONDANT

Pour demander le nom :
C'est de la part de qui ?
Vous êtes monsieur / madame… ?

Pour demander l'objet d'un appel :
C'est à quel sujet ?
C'est pour quoi ?

Pour faire patienter :
Ne quittez pas, s'il vous plaît.
Un instant, s'il vous plaît.

Pour dire que la personne n'est pas disponible :
Il / Elle est absent(e) pour le moment.
Le poste ne répond pas.
Il / Elle est en ligne / en réunion.

Pour demander l'autorisation :
Je peux prendre vos coordonnées ?
Je peux prendre un message ?

Pour s'excuser :
Je suis désolé(e).
Excusez-moi.

4 Passez à l'action

Vous pouvez laisser un message.
Vous souhaitez parler à Martine Jasmin de la société Infoplus ou à Bruno Dubosc de la société Gally. Choisissez la raison de votre appel (un stage, un problème informatique, un rendez-vous, une demande d'informations…) puis appelez. Un(e) standardiste vous répond et complète la fiche téléphonique parce que votre correspondant(e) n'est pas disponible.

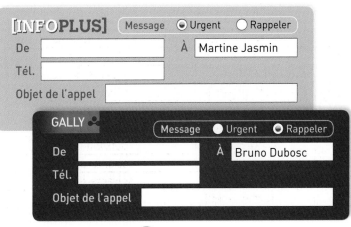

[INFOPLUS] Message ⦿ Urgent ○ Rappeler
De _____ À Martine Jasmin
Tél. _____
Objet de l'appel _____

GALLY
Message ● Urgent ⦿ Rappeler
De _____ À Bruno Dubosc
Tél. _____
Objet de l'appel _____

⊙ Mes vidéos ▸ L'accueil téléphonique

B Je te rappelle !

« Vous êtes bien au 07 54 33 27 49. Je ne suis pas disponible pour le moment mais vous pouvez laisser un message. Je vous rappelle dès que possible. Merci. »

Bonjour Lucie ! C'est Patricia. Je te téléphone parce que je suis à Nantes lundi, mardi et mercredi pour une conférence. Lundi, je finis tard, mercredi soir, je vais à Londres mais je suis libre mardi soir pour sortir. Nous pouvons dîner au restaurant ou aller au cinéma. Je te rappelle ce soir ou demain matin. Bisous, bonne journée !

2 Réagissez

Vérifiez
l'agenda
de Patricia
ci-contre
et repérez
les erreurs.

Février

Lundi **5**	Conférence Nantes
	Cinéma ou dîner avec Lucie ?
Mardi **6**	Conférence Nantes
	Dîner avec Paul Dumont
Mercredi **7**	Conférence Nantes
Jeudi **8**	Conférence Nantes
	Vol Londres

3 Retenez

Pour indiquer / vérifier que vous êtes au bon numéro :
Vous êtes bien au 07 54 33 27 49. / Vous êtes bien sur le portable de Lucie.
Je suis bien au 05 43 32 18 90 ? / Je suis bien chez M. et Mme Leclerc ?

Pour se présenter au téléphone :
C'est Patricia Bonard. / Patricia Bonard à l'appareil.

Pour indiquer la raison de l'appel :
Je te / vous téléphone parce que je suis à Paris.

Pour proposer de rappeler et indiquer un moment :
Je te / vous rappelle lundi / tout à l'heure / cet après-midi / ce soir / demain matin / plus tard.
Vous pouvez me rappeler au 06 17 86 06 47.

Pour terminer un message / une conversation au téléphone :
À tout à l'heure ! À ce soir ! À demain ! À lundi !
Bonne journée ! Bon après-midi ! Bonne soirée ! Bon week-end !
Bisous ! Je t'embrasse !

Pour indiquer la disponibilité / l'indisponibilité :
Je suis **libre** mardi soir.
Je ne suis pas **disponible** pour le moment.

Pour faire une proposition :
Nous pouvons sortir.
Vous pouvez laisser un message.

Les loisirs
aller au cinéma / au théâtre
dîner au restaurant
sortir avec des amis / des personnes de la famille
visiter un musée / une exposition

Les jours de la semaine
lundi • mardi • mercredi • jeudi • vendredi • samedi • dimanche

4   Passez à l'action

 Mes audios ▸ 22

Le service des renseignements.

1. **Vous demandez des numéros de téléphone au service des renseignements. Écoutez et complétez le répertoire téléphonique.**

👥👥	☎
Coiffure style	
Docteur Marjorie Châtain	
Garage du Lac	
Pharmacie Auriol	
Restaurant *Chez l'ami Jean*	
Yves Delorme	

Contacts.

2. **Une personne de votre groupe demande un numéro de téléphone. Dictez ce numéro.**

Alliance française	01 42 84 90 00	Restaurant *Chez Julien*	02 76 45 95 34
Docteur François	03 82 78 09 53	Société Texto	04 59 62 10 90
Émile Rocca	06 80 45 57 42	Yves Delorme	05 78 55 97 52

Messagerie vocale.

3. **Vous téléphonez à un(e) ami(e) pour proposer une sortie. Il / Elle ne répond pas. Laissez un message sur son répondeur.**

C Textos efficaces !

1.
Mme Coutet.
J'ai vos billets
d'avion.
Vous pouvez
passer à l'agence
demain. Merci.
Bonne journée.
Sophie
de l'agence
Planète

2.
SFR Info :
Nous
vous invitons
à contacter
le service client
au 564 pour
votre problème
de facture.
Merci.

3.
Rappel :
vous avez
rendez-vous
avec le Dr Jules
Piquart mardi 12
octobre à 15 h 30.
Merci de
rappeler au
04 31 76 54 20
pour confirmer.

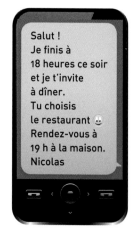

4.
Salut !
Je finis à
18 heures ce soir
et je t'invite
à dîner.
Tu choisis
le restaurant ☺
Rendez-vous à
19 h à la maison.
Nicolas

Vous recevez
ces quatre textos.
Notez les tâches
et les informations
importantes sur
votre tablette.

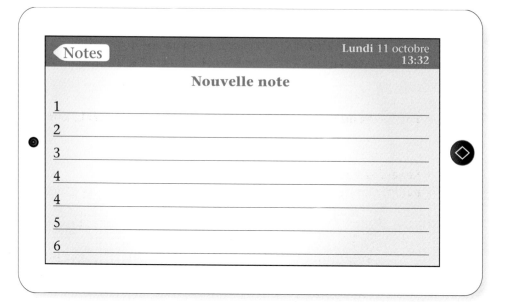

Notes   Lundi 11 octobre
                                                    13:32

Nouvelle note

1 _____
2 _____
3 _____
4 _____
4 _____
5 _____
6 _____

Pour donner des instructions :
Nous vous invitons à contacter le service client.
Merci de rappeler au 04 31 76 54 20.
Nous vous demandons de passer à l'agence.

Pour inviter :
Je t'invite / vous invite │ à dîner.
                          │ au restaurant.

Pour indiquer une heure de rendez-vous :
Rendez-vous à 19 h.
Vous avez rendez-vous avec le Dr Piquart à 15 h 30.

4 Passez à l'action

Je vous appelle pour...

1. **Vous traitez le dossier d'un client. Donnez vos instructions sur son répondeur (passer à votre bureau / vous rappeler ou contacter une personne...).**

Vous avez rendez-vous.

2. **Vous allez au cinéma avec un ami ce soir. Rédigez le texto pour le rendez-vous.**

Textos professionnels.

3. **Regardez votre agenda et rédigez des textos aux personnes concernées.**

→ *Répondre invitation inauguration usine à M. Gusty*

→ *Proposer dates de réunion aux collègues*

→ *Confirmer le rendez-vous à Mme Antier*

D Vous avez un nouveau message

1 Lisez

De | Sandrine Dumont <sdumont@grabatto.fr>
À | Paul Morisson <pmorisson@grabatto.fr>
Objet | Réunion délégués

Joindre un fichier ✎ **Insérer :** Invitation

Bonjour Paul,
Nous devons organiser une réunion avec les délégués. Est-ce que vous êtes libre mardi ?
Autre chose : je dois contacter Mme Langlois, la responsable des ventes de la société Socatex,
est-ce que vous avez ses coordonnées ?

Merci d'avance,
Cordialement,
Sandrine

Sandrine Dumont
Directrice commerciale – Société Grabatto
1 rue de Jussieu – 45100 ORLÉANS
sdumont@grabatto.com
Tél. : 02 15 65 75 90

2 Réagissez

Complétez les mémos de Paul et Sandrine avec les tâches.

- préparer une réunion avec les délégués
- confirmer un jour de la semaine pour la réunion
- contacter la responsable des ventes
- donner le numéro de téléphone et l'adresse mail de Mme Langlois

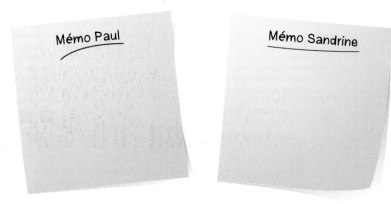

3 Retenez

Pour demander la disponibilité :
(Est-ce que) tu es
(Est-ce que) vous êtes
} libre / disponible / là… ?

Pour exprimer une obligation / un besoin :
Je **dois** téléphoner à Mme Langlois.
Nous **devons** organiser une réunion.
J'ai **besoin de** contacter Mme Langlois.

Pour remercier :
Je te / vous remercie. Merci beaucoup. Merci bien.
Merci d'avance.

Pour saluer et prendre congé dans un courriel / un mail :

	Pour commencer	Pour terminer
Formel	Chère madame / Cher monsieur Madame / Monsieur Madame / Monsieur + *nom*	(Très) cordialement Sincères salutations
Neutre	Bonjour	À bientôt Cordialement Bien à vous
Amical	Bonjour + *prénom* Salut !	A+ Bisous / Bises

(→ voir Repères professionnels p. 55)

4 Passez à l'action

Pas mardi.

1. **Vous êtes Paul Morisson. Répondez au mail de Sandrine : mardi, vous n'êtes pas disponible. Indiquez la raison et proposez une autre date.**

Nouveauté.

2. **Votre entreprise va présenter un nouveau produit. Vous faites un courriel pour inviter un client à la présentation.**

Invitation à un dîner-débat.

3. **Votre entreprise organise un dîner-débat. Appelez un collaborateur / une collaboratrice pour l'inviter. Utilisez les fiches ci-dessous.**

VOUS

- Vous vous présentez et vous saluez.
- Vous dites l'objet de votre appel : une invitation à un dîner-débat ; vous précisez le jour, l'heure, le lieu.
- Vous terminez la conversation.

VOTRE COLLABORATEUR / COLLABORATRICE

- Il / Elle répond aux salutations.
- Il / Elle remercie pour l'invitation.
- Il / Elle n'est pas disponible ce soir-là.
- Il / Elle donne la raison.
- Il / Elle termine la conversation.

OUTILS LINGUISTIQUES

1 Les pronoms personnels TE et VOUS

Observez.

Je **te** téléphone
Nous **te** regardons
Je **t'**invite
Nous **t'**appelons

Je **vous** téléphone
Nous **vous** regardons
Je **vous** invite
Nous **vous** appelons

Le verbe s'accorde avec le sujet.

2 PARCE QUE

Pour exprimer la raison ou la cause.

Je te téléphone **parce que** je suis à Nantes.
Elle envoie un courriel **parce qu'**elle organise une réunion.

⚠ Devant une voyelle → *parce qu'*

3 La préposition À

– Pour désigner un lieu.

Rendez-vous **à la maison**	Vous pouvez passer **à l'agence**	Je t'invite **au restaurant**	Nous sommes **à l'hôtel**
à la + lieu féminin	à l' + lieu féminin avec une voyelle ou un « h »	au + lieu masculin	à l' + lieu masculin avec une voyelle ou un « h »

– Pour dire à qui on s'adresse.

Je parle / Je téléphone

à Paul. (→ *à* + prénom ou nom propre)
au directeur. (→ *au* + nom masculin)
à la secrétaire. (→ *à la* + nom féminin)
à l'hôtesse. (→ *à l'* + nom singulier avec une voyelle ou un « h »)
aux délégués. (→ *aux* + nom pluriel)

4 Des indicateurs de temps

Pour indiquer un moment.

Aujourd'hui
Demain

16 juin
17 juin

Ce matin
Demain matin

Cet après-midi
Demain après-midi

Ce soir
Demain soir

5 Le verbe POUVOIR

Pour demander une autorisation / faire une proposition / demander de faire quelque chose.

Je **peux** laisser un message ?
Vous **pouvez** épeler, s'il vous plaît ?
Vous **pouvez** laisser un message après le bip.

Conjugaison

Je peux
Tu peux
Il peut
Elle peut

Nous pouvons
Vous pouvez
Ils peuvent
Elles peuvent

⚠ *Pouvoir* + infinitif

6 Le verbe DEVOIR

Pour exprimer l'obligation / la nécessité.

Je **dois** téléphoner à Mme Langlois.
Nous **devons** organiser une réunion.

Conjugaison

Je dois
Tu dois
Il / Elle doit
Nous devons
Vous devez
Ils / Elles doivent

⚠ *Devoir* + infinitif

7 La conjugaison des verbes

– Les verbes en –DRE.

J'**attends** son appel. → verbe ATTENDRE
Le poste ne **répond** pas. → verbe RÉPONDRE

ATTENDRE	RÉPONDRE
J'attends	Je réponds
Tu attends	Tu réponds
Il / Elle attend	Il / Elle répond
Nous attendons	Nous répondons
Vous attendez	Vous répondez
Ils / Elles attendent	Ils / Elles répondent

Conjugaison

– Les verbes en –IR.

Je **finis** à 18 heures. → verbe FINIR
Tu **choisis** le restaurant. → verbe CHOISIR

CHOISIR	FINIR
Je choisis	Je finis
Tu choisis	Tu finis
Il / Elle choisit	Il / Elle finit
Nous choisissons	Nous finissons
Vous choisissez	Vous finissez
Ils / Elles choisissent	Ils / Elles finissent

Conjugaison

8 L'interrogation fermée (Réponse → *OUI / NON / JE NE SAIS PAS*)

Est-ce que vous êtes libre ?
Est-ce que vous avez les coordonnées de Mme Langlois ?

(**Est-ce que**) + sujet + verbe + … ?

⚠ *Est-ce qu'Alice peux passer à l'agence ?*
→ devant une voyelle : *est-ce qu'*

PRONONCEZ ◉ Mes audios ▶ 23-24

1. Écoutez et barrez les consonnes finales qui ne se prononcent pas.
a. Je voudrais parler à M. Masson.
b. Un moment, s'il vous plaît.
c. Le poste ne répond pas.
d. Je peux laisser un message ?
e. Vous pouvez épeler votre nom ?

Faites la liste des consonnes finales non prononcées et répétez les phrases.

2. Écoutez les âges et répétez en respectant les enchaînements et les liaisons.
a. Dix-huit ans
b. Vingt-deux ans
c. Trente-quatre ans
d. Trente-six ans
e. Quarante ans
f. Quarante-trois ans
g. Cinquante et un ans
h. Cinquante-neuf ans
i. Soixante-cinq ans
j. Soixante-dix ans
k. Quatre-vingt-sept ans
l. Quatre-vingt-treize ans

ENTRAÎNEZ-VOUS

1. Une journée chargée

Lisez votre mémo et dites ce que vous devez faire aujourd'hui.

Exemple : Je dois expliquer **le** planning à l'assistante.

- expliquer planning assistante
- téléphoner directrice des ressources humaines
- envoyer mail informaticien
- écrire actionnaires
- donner facture comptable
- parler chef des ventes
- montrer contrat stagiaires

2. Planning

Nous sommes le 5 février (le matin). Regardez votre agenda et expliquez votre planning comme dans l'exemple.

Mardi 5 février		Mercredi 6 février	
8:00		8:00	
9:00	rendez-vous Olivier Darmont (bureau)	9:00	
10:00		10:00	visite usine Bordeaux
11:00		11:00	
12:00		12:00	
13:00		13:00	
15:00		15:00	rencontre commerciaux Bordeaux
16:00	préparation salon (bureau)	16:00	
17:00		17:00	
18:00		18:00	
19:00	conférence	19:00	dîner-débat (Central Hôtel Bordeaux)

1. Aujourd'hui,
2. Ce matin,
3. Cet après-midi,
4. Ce soir,
5. Demain,
6. Demain matin,
7. Demain après-midi,
8. Demain soir,

a. je visite l'usine de Bordeaux.
b. je rencontre les commerciaux.
c. je suis à Bordeaux.
d. je suis au bureau.
e. je prépare le salon.
f. j'ai un dîner-débat.
g. j'ai un rendez-vous avec Olivier Darmont.
h. je vais à une conférence.

3. Une urgence !

Complétez le courriel avec les verbes *pouvoir* et *devoir* conjugués au présent.

Bonjour,

Je ne … (pouvoir) pas attendre. Je … (devoir) téléphoner à M. Morizot ce soir pour confirmer la vente et nous … (devoir) signer le contrat demain. Est-ce que vous … (pouvoir) préparer le dossier aujourd'hui ? Si vous n'êtes pas disponible, vous … (devoir) trouver une autre solution. C'est urgent !

Cordialement,
Marc Duprès
Directeur commercial

4. SMS

Complétez les SMS avec les pronoms *t'*, *te* ou *vous*.

a. De « Clara » à « Paul et Murielle »
> Je … envoie le chèque demain.

b. D' « Adrien et Chloé » à « Mickaël »
> Nous … attendons à 18 h avec ton collègue.

c. De « P. Lefranc » à « M. Faber »
> Je … apporte votre ordinateur demain.

d. Des « commerciaux » à « Mme Noisy »
> Nous … invitons à notre présentation le 08/03 à 16 h.

e. De « Julien » à « Annick »
> Tu es chez toi ? Je … rappelle ce soir.

TESTEZ-VOUS

1. La bonne formule

Choisissez la bonne formule dans les situations téléphoniques suivantes.

1. Se présenter au téléphone.
   - a. Ça va, et toi ?
   - b. Mme Gandois à l'appareil.
   - c. C'est bien l'hôtel Concorde ?

2. Demander à parler à quelqu'un.
   - a. Salut, c'est Marc !
   - b. C'est de la part de qui ?
   - c. Je voudrais parler à Mme Monet.

3. Indiquer la raison de l'appel.
   - a. Je vous téléphone parce que je voudrais un renseignement.
   - b. Mon numéro est le 05 58 59 69 12.
   - c. C'est à quel sujet ?

4. Demander de patienter.
   - a. À tout à l'heure.
   - b. Un instant, s'il vous plaît.
   - c. Je suis désolé(e).

5. Dire que la personne n'est pas disponible.
   - a. Son poste ne répond pas.
   - b. Vous êtes monsieur... ?
   - c. Elle travaille.

6. Terminer un appel.
   - a. Ne quittez pas.
   - b. À ce soir.
   - c. Quel est l'objet de votre appel ?

7. Demander de laisser un message.
   - a. C'est de la part de qui ?
   - b. Pouvez-vous laisser un message, s'il vous plaît ?
   - c. C'est pour quoi ?

2. Des erreurs dans le fichier clients

○ Mes audios ▸ 25

Écoutez et corrigez les noms et les numéros de téléphone.

Société Pontemps	01.92.61.16.46
Caussmant	06.19.22.87.75
Lejaufre	05.56.68.32.21
Moidec	08.25.70.87.65

3. Prenez un message téléphonique

○ Mes audios ▸ 26

Écoutez et corrigez le message.

SOLIPROPRE

Message	⦿ Urgent	◯ Rappeler

De	M. Leroux
À	Mlle Delort, Société
Objet de l'appel	Réunion jeudi 10 à Marseille. Merci de rappeler cet après-midi au 06 87 67 14 48.

 Mon portfolio ▸ Unité 3

Repères culturels

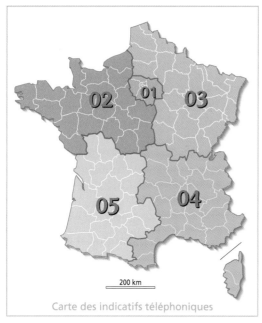

200 km

Carte des indicatifs téléphoniques

Les numéros de portable commencent par 06 ou 07.

Téléphoner en France

Les numéros de téléphone

1. Comment vous dites ce numéro de téléphone dans votre pays ?
0254378554

2. Réécoutez les numéros (activité 2 p. 53). Expliquez comment on dit les numéros en France et prononcez correctement : 02 54 37 85 54.

3. a. Observez la carte ci-contre et la carte de France de la page 192.
b. Complétez les numéros de téléphone suivants.
Paris : -- 43 65 48 98
Strasbourg : -- 15 52 64 89
Rennes : -- 41 57 62 34
Bordeaux : -- 32 36 76 45
Nice : -- 68 75 12 72

4. Dites si on repère la région avec les deux premiers chiffres du numéro de téléphone dans votre pays.

Épeler au téléphone Mes docs ▶ Alphabet officiel des prénoms pour épeler

1. En France, pour épeler les noms, on utilise des prénoms.
Exemple : **A** comme **A**natole, **B** comme **B**erthe, **C** comme **C**élestin…
Faites-vous la même chose dans votre pays ?

2. Trouvez d'autres prénoms français pour chaque lettre de l'alphabet.

3. Notez votre nom sur une feuille et épelez-le avec des prénoms français.

Le savoir-vivre au téléphone

Lisez les règles de politesse pour téléphoner.

1) ☐ Respecter les heures d'appel (de 9 h à 21 h) et ne pas appeler aux heures de repas (12 h 30-13 h 30 / 19 h 30-20 h 30) sauf urgence.

2) ☐ Ne pas téléphoner le dimanche excepté à la famille et aux amis.

3) ☐ Dire « bonjour » pour commencer la conversation et se présenter.

4) ☐ Couper son téléphone portable au restaurant, au cinéma, pendant une réunion, dans un hôpital, un musée…

5) ☐ Ne pas déposer son portable allumé sur la table pendant un repas.

6) ☐ Choisir une sonnerie discrète, activer le mode « silencieux » ou « vibreur ».

7) ☐ Votre portable sonne en public : s'excuser et s'éloigner pour parler.

8) ☐ Parler doucement, inutile de crier.

Cochez les règles normales pour vous. Expliquez pourquoi les autres règles ne sont pas normales pour vous. Indiquez d'autres règles de votre pays.

Bien rédiger ses courriels professionnels

Relever	Nouveau message	Note	Envoyer	Répondre	Rép. à tous	Réexpédier		Supprimer	Indésirable	

Boîte de réception ▼ Messages envoyés ▼ Brouillons ▼ Signalés ▼   9 ▾ **B** | U̲ T▾ ₸T▾ ☺ ∞ ≔ ⃰≣ ⃖ ⃗ ❞ ▤ ▥ ▦ ▤ I꜀ₓ

À : Christian Martinez « cmartinez@themis.ar »

Objet : mission Argentine (1)

CC :

De : Véronique Perret ⬍   ⬭ propositions_dates.doc

Bonjour M. Martinez, (2)

Je voudrais préparer un planning pour notre mission en Argentine. Quelles sont vos disponibilités ?
Je vous joins mes propositions de rendez-vous.

Merci, (3)
Bonne journée. (4)
Véronique Perret

Véronique Perret
Directrice export – Société Thémis (5)
78 rue Renoir – 59 000 Lille
Tél : 03 45 69 71 23
Port : 06 98 78 12 58
www.themis.fr

1. Observez ce courriel et repérez le vocabulaire informatique. Trouvez le vocabulaire informatique équivalent dans votre langue.

VOUS CLIQUEZ SUR

À	Indésirable (un courrier)	Nouveau message
Ajouter une pièce jointe	Joindre un fichier	Objet
Archiver	Supprimer	Réexpédier
Boîte de réception	Vérifier l'orthographe	Relever (le courrier)
Brouillon	Messagerie	Répondre
Carnet d'adresses / Contacts	Messages envoyés	Transférer
Enregistrer	Mettre en copie (Cc)	
Envoyer	Mettre en copie cachée (Cci)	

2. Lisez le courriel et faites correspondre chaque phrase ci-dessous avec la partie numérotée qui convient.

(a) Je remercie : « Merci d'avance / de votre aide / de votre réponse / de votre attention. »

(b) Je termine avec une formule de politesse (formelle, neutre ou amicale) adaptée à la situation :
« À bientôt », « Bonne journée », « Bonne semaine ».

(c) Je commence par une salutation (formelle, neutre ou amicale). On peut personnaliser : « Bonjour monsieur » ou « Bonjour madame » ou « Bonjour M. Dupont » ou « Bonjour Stéphane ».

(d) Je signe avec mon nom complet, le nom de ma société, ma fonction et mes coordonnées
(pas pour un collègue).

(e) J'indique de manière claire et précise la raison de mon message.

SCÉNARIO PROFESSIONNEL

Votre entreprise va organiser une conférence
avec des collaborateurs de votre pays, des collaborateurs d'autres pays
et des personnalités francophones. Vous préparez cette réunion.

ÉTAPE 1 > CONFÉRENCE

> 1 Choisissez le thème de la conférence, les dates, le lieu.

> 2 Rédigez l'invitation à mettre sur la version française du site de votre entreprise.

> 3 Faites votre carte de visite en français.

ÉTAPE 2 > CHOIX DES INVITÉS

> 1 Choisissez 3 personnes francophones à inviter. Vous pouvez chercher sur Internet.
  Exemples de personnes à inviter : un chef d'entreprise, un chercheur, un professeur connu, une personnalité politique ou du monde des affaires, un écrivain, un sportif…

> 2 Faites la liste des invités importants en précisant le nom, le prénom, la fonction, la nationalité, le nom de l'entreprise pour chaque invité.

> 3 Préparez les badges.

ÉTAPE **3** ⟩ CONTACTS

⟩ **1** Trouvez les coordonnées de l'entreprise ou de l'organisme où travaillent les personnalités à inviter.

⟩ **2** Rédigez un mail au secrétariat de l'organisme ou de l'entreprise de chaque personne pour obtenir les coordonnées de ces personnalités francophones.

ÉTAPE **4** ⟩ PRÉSENTATION DES INVITÉS

⟩ **1** Recherchez sur Internet 2 ou 3 informations sur les personnalités invitées.

⟩ **2** Présentez les personnalités invitées sur la page en français du site de la conférence (photo et courte présentation).

ÉTAPE **5** ⟩ DISCOURS D'ACCUEIL

⟩ **1** Lisez le modèle de discours de bienvenue. ◉ **Mes docs**

⟩ **2** Préparez le discours de bienvenue à votre conférence pour les participants francophones.

⟩ **3** Entraînez-vous à prononcer correctement votre discours à haute voix. Vous pouvez vous enregistrer.

Partez en déplacement !

Pour être **capable**

> de réserver et d'acheter un titre de transport
> de vous débrouiller dans un hôtel
> d'orienter quelqu'un et de vous orienter dans un bâtiment ou une ville

Vous allez **apprendre à**

> interroger sur les souhaits
> donner des instructions ou suggérer une action
> décrire un hôtel et donner des caractéristiques
> indiquer et demander l'emplacement d'un bâtiment, d'un objet
> indiquer un itinéraire, une direction ou une localisation
> compter jusqu'à 1 000
> indiquer un prix
> demander et exprimer le souhait
> se renseigner
> demander et donner des indications horaires
> indiquer un moyen de déplacement

Vous allez **utiliser**

> les pronoms interrogatifs
> l'impératif des verbes en –ER
> les adjectifs qualificatifs
> les adjectifs ordinaux
> les articles contractés
> les expressions impersonnelles avec il : il y a / il est / il fait
> le pronom sujet ON
> les verbes : prendre, sortir, partir, vouloir, savoir

⚠ **Pensez à consulter** Mon lexique

A Où souhaitez-vous partir ?

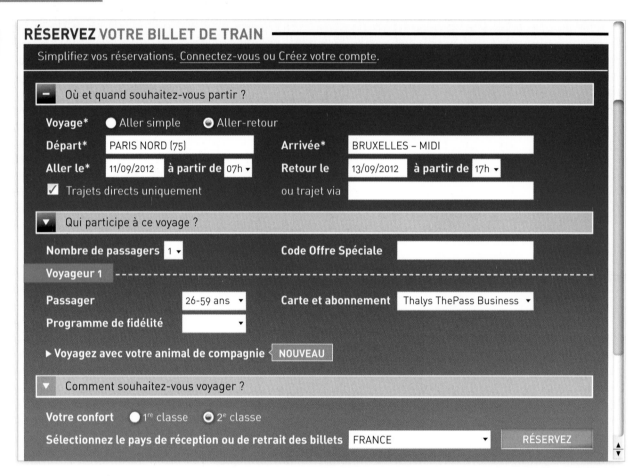

RÉSERVEZ VOTRE BILLET DE TRAIN

Simplifiez vos réservations. <u>Connectez-vous</u> ou <u>Créez votre compte.</u>

− Où et quand souhaitez-vous partir ?

Voyage* ⚪ Aller simple ⚫ Aller-retour	
Départ* PARIS NORD (75)	**Arrivée*** BRUXELLES – MIDI
Aller le* 11/09/2012 à partir de 07h ▾	**Retour le** 13/09/2012 à partir de 17h ▾
☑ Trajets directs uniquement	ou trajet via

▼ Qui participe à ce voyage ?

Nombre de passagers 1 ▾   **Code Offre Spéciale**

Voyageur 1 -

Passager 26-59 ans ▾   **Carte et abonnement** Thalys ThePass Business ▾

Programme de fidélité ▾

▸ **Voyagez avec votre animal de compagnie** ⟨ NOUVEAU ⟩

▼ Comment souhaitez-vous voyager ?

Votre confort ⚪ 1ʳᵉ classe ⚫ 2ᵉ classe

Sélectionnez le pays de réception ou de retrait des billets FRANCE ▾   **RÉSERVEZ**

Vérifiez si la confirmation correspond à la commande.

CONFIRMATION DE VOTRE COMMANDE   Voyages-sncf.com

Bonjour M. MORIN MICHEL

Vous avez effectué une commande sur notre site le 01/09 à 12h06 et nous vous en remercions.
Vous trouverez ci-dessous le détail de votre commande ainsi que la démarche à suivre pour la suite de votre voyage.

PARIS BRUXELLES		THALYS	2 passagers	110.00 €
Aller	06h30 PARIS NORD	9461	1ʳᵉ classe	Mardi 11 septembre
	08h15 BRUXELLES-MIDI			

1ᵉʳ passager Senior : 60 ans+ Billet échangeable une seule fois. Billet remboursable sans frais avant le départ et non remboursable après le départ.   Voiture 27 – Place 062 – Couloir

BRUXELLES PARIS		THALYS	2 passagers	110.00 €
Retour	17h15 BRUXELLES-MIDI	9448	2ᵉ classe	Vendredi 14 septembre
	18h40 PARIS NORD			

1ᵉʳ passager 26-59 ans Billet échangeable une seule fois. Billet remboursable sans frais avant le départ et non remboursable après le départ.   Voiture 27 – Place 044 – Fenêtre

3 Retenez

Pour interroger sur les souhaits :

Le lieu :	**Où** souhaitez-vous partir ?
Le moment :	**Quand** souhaitez-vous partir ?
La personne concernée :	**Qui** participe à ce voyage ?
La manière :	**Comment** souhaitez-vous voyager ?

Pour donner des instructions ou suggérer une action :
Réservez votre billet de train.
Créez votre compte.
Trouvez les meilleurs prix.

(→ voir Outils linguistiques, 2 p. 68)

Les voyages en train
un aller/retour
un billet
une classe (1re classe / 2e classe)
composter
un couloir / une fenêtre
un départ / une arrivée
un(e) passager(ère)
une réservation / réserver
un trajet
une voiture / une place
un voyage / un(e) voyageur(euse) / voyager

4 Passez à l'action

Une réservation.
1. **Vous souhaitez voyager en train. Choisissez vos villes de départ et de destination et complétez la fiche de réservation de la SNCF sur Internet.**

Un déplacement.
2. **Votre responsable doit partir en déplacement. Vous vous occupez de son billet de train ou d'avion. Demandez ses souhaits et notez-les pour faire la réservation.**

Des instructions de voyage.
3. **Des amis francophones veulent faire un voyage en train dans votre pays. Donnez des instructions à vos amis dans un mail pour expliquer comment faire.**

B hotel.com

1 Lisez

HOTEL SILLON **

Adresse : 25 rue de la Liberté, 69003 LYON
Métro : Saxe-Gambetta
Tél. : 04 78 10 12 16
resasillon@tele2.fr
http://www.hotelsillon.fr

Tarif des chambres *

Chambre simple douche	84,00 €	> SÉLECTIONNER
Chambre double salle de bains	90,00 €	> SÉLECTIONNER
Chambre triple douche	110,00 €	> SÉLECTIONNER
Petit déjeuner	8,50 €	> SÉLECTIONNER

*Tarif par chambre et par nuit. Non compris dans le tarif : 1 € de taxe de séjour par personne et par nuit. Ouvert toute l'année.

DESCRIPTION : Dans un beau jardin, à côté de la gare en centre-ville et à 5 min à pied de la navette pour l'aéroport, l'Hôtel SILLON propose un accueil personnalisé et un service exceptionnel. La décoration est agréable, le mobilier est élégant. Les chambres sont charmantes et confortables avec de jolies salles de bains. Accès facile à l'aéroport, métro, bus et tramway à proximité.

Prestations :

Télévision   Animaux acceptés   Téléphone
Parking privé   Connexion Internet gratuite dans les chambres
L'hôtel n'accepte pas les chèques

> VOTRE RÉSERVATION

2 Réagissez

Vous travaillez à l'Hôtel Sillon. Répondez à M. Navagara Prakash dans son mail.

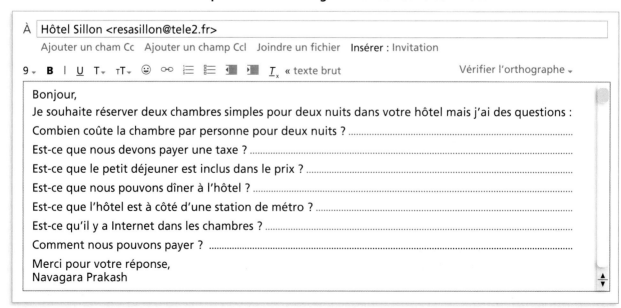

À   Hôtel Sillon <resasillon@tele2.fr>

Ajouter un cham Cc   Ajouter un champ Ccl   Joindre un fichier   **Insérer :** Invitation

9 ▾   **B** | U T▾ ᴛT▾ ☺ ∞ ☰ ☷ ▤ ▥ *T*ₓ « texte brut   Vérifier l'orthographe ▾

Bonjour,
Je souhaite réserver deux chambres simples pour deux nuits dans votre hôtel mais j'ai des questions :
Combien coûte la chambre par personne pour deux nuits ? ....
Est-ce que nous devons payer une taxe ? ....
Est-ce que le petit déjeuner est inclus dans le prix ? ....
Est-ce que nous pouvons dîner à l'hôtel ? ....
Est-ce que l'hôtel est à côté d'une station de métro ? ....
Est-ce qu'il y a Internet dans les chambres ? ....
Comment nous pouvons payer ? ....
Merci pour votre réponse,
Navagara Prakash

3 Retenez

Pour indiquer la catégorie d'un l'hôtel :
C'est un hôtel **2 étoiles**.

Pour indiquer l'emplacement d'un bâtiment :
C'est un hôtel | **dans** un beau jardin.
en centre-ville.
à côté de la gare.
à proximité de la station de métro.
à 5 minutes à pied de la navette
pour l'aéroport.

Pour faire la description positive d'un hôtel :
L'hôtel | est dans un **beau** jardin.
propose | un accueil **personnalisé**.
un service **exceptionnel**.
une décoration **agréable** / **moderne**.
un parking **privé**.

Pour donner les caractéristiques des chambres :
Une chambre | simple / double / triple.
pour une personne / deux personnes.
avec un grand lit / un lit double.
avec un seul lit / deux lits.

Pour décrire le confort d'une chambre :
Une chambre | confortable / calme.
avec salle de bains / douche.
avec connexion Internet / télévision.

Pour indiquer le prix d'une chambre :
Le prix / Le tarif par chambre / par personne /
pour 2 personnes / par nuit est de…
Non compris / Compris dans le tarif.
La taxe de séjour est incluse / comprise dans le prix
des chambres.

4 Passez à l'action

Un site Internet.
1. **Un de vos amis veut ouvrir un hôtel dans votre pays. Rédigez un descriptif de l'hôtel en français pour son site Internet.**

Votre avis.
2. **Vous appréciez un hôtel. Faites un commentaire positif sur un site de voyageurs.**

Hôtel Sillon
25 rue de la Liberté, 69003 Lyon

Votre expérience est précieuse pour les autres voyageurs. Merci !

Votre note globale pour cet établissement   **Titre de votre avis**

○○○○○ ◄ **Cliquez pour noter**

Votre avis

Indiquez le type de voyage

Affaires | En couple | En famille | Amis | Solo

C Au quatrième !

M. Dubosc :	Bonjour, mademoiselle, j'ai une réservation pour deux chambres simples pour deux nuits.
La réceptionniste :	Oui, à quel nom ?
M. Dubosc :	M. Dubosc et Mme Joubert de la société Bacali, B.A.C.A.L.I.
La réceptionniste :	Très bien, vous avez les chambres 435 et 438.
M. Dubosc :	Elles sont à quel étage ?
La réceptionniste :	Au quatrième étage. Voici vos clés.
M. Dubosc :	Merci. C'est où ?
La réceptionniste :	Vous traversez le hall. Vous prenez l'ascenseur et vous montez au quatrième étage. Quand vous sortez de l'ascenseur, vous allez à gauche. Vos chambres se trouvent au bout du couloir, à droite et à gauche.
M. Dubosc :	D'accord. Et la salle de restaurant se trouve où ?
La réceptionniste :	Au rez-de-chaussée, en face des escaliers.

2 Réagissez

1. Complétez la facture pour la société Bacali.

HÔTEL SILLON
25 rue de la Liberté, 69003 LYON
Tél. : 04 78 10 12 16
resasillon@tele2.fr
http://www.hotelsillon.fr

FACTURE n° 126548

Client(s) : Société ....

Date d'arrivée : 15 septembre

Date de départ : ....

Nombre de chambres : ....

Type de chambre : ....

Nombre de nuits : ....

N° des chambres : ....

Prix Hors Taxe :	314,76€
TVA* 7 % :	22,03€
Taxe de séjour :	4,00€
Prix TTC** :	340,79 €

* TVA : taxe sur la valeur ajoutée
**TTC : toutes taxes comprises

2. Indiquez l'emplacement des chambres de M. Dubosc et Mme Joubert sur le plan du 4e étage.

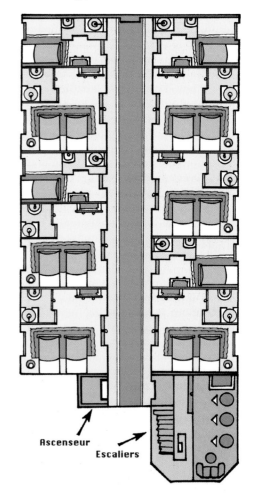

Ascenseur

Escaliers

3 Retenez

Pour demander l'emplacement d'un lieu / d'un objet :
Où sont nos chambres ?
La salle de restaurant **se trouve où** ?
C'est où ?

Pour indiquer une direction ou une localisation :

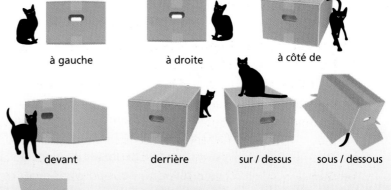

	tout droit.
Allez	à gauche / à droite.
C'est	au rez-de-chaussée / au quatrième étage.
	au bout du couloir.
	en face des escaliers.

Pour indiquer un itinéraire :
Vous **traversez** le hall.
Vous **prenez** l'ascenseur.
Vous **montez** au quatrième étage.
Vous **sortez** de l'ascenseur.
Vous **allez** tout droit.

Des actions de déplacement
entrer / sortir
monter / descendre   arriver / partir

Les lieux d'un bâtiment
ascenseur • couloir • escaliers • étage • hall • salle

à gauche   à droite   à côté de

devant   derrière   sur / dessus   sous / dessous

dans / dedans   en face de   entre

Pour compter jusqu'à mille :

100	200	300	400	500	600	700	800	900	1 000
cent	deux cents	trois cents	quatre cents	cinq cents	six cents	sept cents	huit cents	neuf cents	mille

⚠ 80 = quatre-vingts   89 = quatre-vingt-neuf   200 = deux cents   245 = deux cent quarante-cinq
Cent et *vingt* s'écrivent sans « s » quand il y a un nombre après la centaine ou la vingtaine.

4 Passez à l'action

Informations.
1. **Vous travaillez au point « informations » d'un aéroport, orientez les visiteurs.**

Une réservation.
2. **Vous avez réservé une chambre. Vous arrivez à l'hôtel. Présentez-vous au réceptionniste avec la confirmation de réservation.**

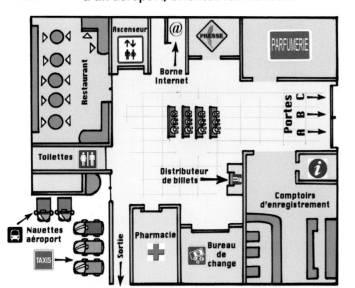

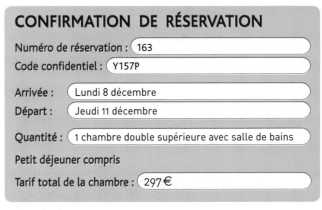

CONFIRMATION DE RÉSERVATION

Numéro de réservation : 163
Code confidentiel : Y157P

Arrivée :   Lundi 8 décembre
Départ :   Jeudi 11 décembre

Quantité :   1 chambre double supérieure avec salle de bains

Petit déjeuner compris

Tarif total de la chambre : 297 €

◎ **Mes vidéos** ▸ « Vous avez une réservation ? »

D Qu'est-ce qu'on fait ce soir ?

Deux collègues sont en déplacement

Diana :	Qu'est-ce que tu veux faire ce soir ?
Quentin :	Je veux bien sortir mais je ne veux pas rentrer tard. On commence à 7 heures demain ! Qu'est-ce que tu proposes ?
Diana :	Il est 5 heures et demie, on a le temps de visiter la vieille ville. Après, on peut aller dîner au restaurant et on rentre vers 10 heures. On peut prendre le bus.
Quentin :	D'accord, je vais demander les horaires de bus à la réceptionniste.
Quentin :	Excusez-moi mademoiselle, nous voulons visiter la vieille ville. Vous savez à quelle heure passe le bus ?
La réceptionniste :	Il y a un bus à 18 heures et un autre bus à 18 h 09. L'arrêt est juste en face de l'hôtel.
Quentin :	Et vous savez où nous pouvons dîner dans la vieille ville ?
La réceptionniste :	Les bons restaurants sont sur la grande place. Vous avez le choix.
Quentin :	Et les bus circulent tard ?
La réceptionniste :	Oui, il y a des bus jusqu'à 23 heures.

2 Réagissez

Les deux collègues proposent à un ami de venir. Quel texto ils envoient ?

Salut !
Visite de
la vieille ville
et après, dîner
au restaurant.
On prend le bus.
Rendez-vous
à 18 h 30 sur
la grande place ?
Quentin et Diana

17:33, 25 sept.

1.

Salut !
Rendez-vous
au restaurant
et après on va
au cinéma. On
prend le métro.
Et toi ? Quentin
et Diana

17:39, 25 sept.

2.

Salut ! Tu veux
visiter la vieille
cathédrale ?
Rendez-vous
demain en face
de l'hôtel
à 18 h 09.
Quentin
et Diana

17:31, 25 sept.

3.

3 Retenez

Pour demander ou exprimer un souhait :
Qu'est-ce que tu veux faire ce soir ?
Je veux bien sortir mais je ne veux pas rentrer tard.
Nous voulons visiter la vieille ville.

Pour indiquer un moyen de déplacement :
On prend le train / le métro / le bus / le RER /
le tramway / l'avion / la voiture / le bateau.
Nous allons à pied / en train / en métro / en bus /
en RER / en tramway / en avion / en voiture / en bateau.

Pour se renseigner :

Excusez-moi,	madame,	**où** nous pouvons dîner ?
Pardon,	mademoiselle, **vous savez**	**quand** passe le bus ?
S'il vous plaît,	monsieur,	**comment** on peut obtenir les horaires ?

> **Pour demander des indications horaires :**
> Vous savez à quelle heure il y a un bus ?
> Quelle heure est-il ?

Pour donner des indications horaires :

On commence **à** 7 heures demain.   Il y a un bus **à** 18 heures et un autre bus **à** 18 h 09.
Il est 5 heures et demie.   Il y a des bus **jusqu'à** 23 heures.
On rentre **vers** 10 heures.

*Heure officielle = horaires des transports, des médias, des bureaux, des commerces, etc.
**Heure non officielle = heure dans les conversations informelles.

Heure officielle* (matin)	Heure officielle* (soir)	Heure non officielle** (matin et soir)
8 heures	20 heures	8 heures
8 heures 10	20 heures 10	8 heures 10
8 heures 15	20 heures 15	8 heures **et quart**
8 heures 20	20 heures 20	8 heures 20
8 heures 30	20 heures 30	8 heures **et demie**
8 heures 35	20 heures 35	9 heures **moins 25**
8 heures 40	20 heures 40	9 heures **moins 20**
8 heures 45	20 heures 45	9 heures **moins le quart**
8 heures 55	20 heures 55	9 heures **moins 5**
9 heures	21 heures	9 heures

⚠ 12 heures (heure officielle) = midi (heure non officielle)
0 heure (heure officielle) = minuit (heure non officielle)

4 Passez à l'action

Déplacement.

**1. Vous devez aller à Barcelone
la semaine prochaine avec
un collègue. Donnez les informations
à votre collègue et décidez ensemble
du jour et de l'heure de votre voyage.**
– Vous indiquez les différentes possibilités
pour ce jour-là à votre collègue (compagnie,
heure de départ et d'arrivée, prix).
– Vous prenez une décision ensemble
(Quel vol ? Quels horaires ?).

Les tarifs

Compagnie	Départ de Paris	Arrivée à Barcelone	Jours	Prix par Adulte
Air jet	11 h 45	13 h 20	1 3 5 6	105 euros
Volante	08 h 25	10 h	1 2 3 4 5 6 7	120 euros
France vol	11 h	12 h 45	1 2 3 4 5	175 euros
Air zen	09 h 35	11 h 15	2 4 7	223 euros

Fréquences de départ :
1 lundi • **2** mardi • **3** mercredi • **4** jeudi • **5** vendredi • **6** samedi • **7** dimanche

J'arrive !

**2. Vous partez à Marseille en train. Un ami vient vous chercher à la gare. Rédigez un texto pour
informer de votre heure d'arrivée et du numéro du train.**

Visite sympathique !

**3. Un collègue francophone vient dans votre ville. Vous faites des propositions et vous discutez
ensemble du programme de la soirée.**

OUTILS LINGUISTIQUES

1 Les pronoms interrogatifs

Pour poser des questions.

Où souhaitez-vous partir ? À Bruxelles.	**Quand** souhaitez-vous partir ? Le 17 septembre.	**Qui** participe au voyage ? 2 personnes.	**Comment** souhaitez-vous voyager ? En première classe.
Le lieu : *Où ?*	**Le moment :** *Quand ?*	**Les personnes :** *Qui ?*	**La manière :** *Comment ?*

2 L'impératif des verbes en –ER

Pour donner des instructions ou suggérer une action.

Réserve ton billet de train. **Voyage** avec ton animal.	**Réservons** nos billets de train. **Voyageons** avec notre animal.	**Réservez** vos billets de train. **Voyagez** avec votre animal.
~~Tu~~ réserves ton billet de train. ~~Tu~~ voyages avec ton animal.	~~Nous~~ réservons nos billets de train. ~~Nous~~ voyageons avec notre animal.	~~Vous~~ réservez vos billets de train. ~~Vous~~ voyagez avec votre animal .
Impératif d'un verbe à la **2ᵉ pers du singulier** = verbe au présent sans le sujet. ⚠ Pas de S	Impératif d'un verbe à la **1ʳᵉ pers du pluriel** = verbe au présent sans le sujet.	Impératif d'un verbe à la **2ᵉ pers du pluriel** = verbe au présent sans le sujet.

⚠ Aller : va / allons / allez
   Envoyer : envoie / envoyons / envoyez

Forme négative : **NE** réserve **PAS** / **NE** voyagez **PAS**
                 N'oubliez **PAS** / N'allez **PAS**

3 Les adjectifs qualificatifs

Pour décrire.

L'hôtel est dans un **beau** jardin.
Il propose une décoration **agréable**, des chambres **confortables**.

Les adjectifs s'accordent avec le nom.

Avec un nom masculin	Avec un nom masculin pluriel	Avec un nom féminin	Avec un nom féminin pluriel
agréable	agréable**s**	agréable	agréable**s**
grand	grand**s**	grand**e**	grand**es**
petit	petit**s**	petit**e**	petit**es**
personnalisé	personnalisé**s**	personnalisé**e**	personnalisé**es**
spacieux	spacieux	spacieu**se**	spacieu**ses**
exceptionnel	exceptionnel**s**	exceptionne**lle**	exceptionne**lles**
normal	norm**aux**	normal**e**	normal**es**
bon	bon**s**	bo**nne**	bo**nnes**

L'adjectif qualificatif se place en général **après** le nom.
Il y a des exceptions : *grand* / *petit* / *beau* / *joli* / *vieux* / *nouveau*... se placent **avant** le nom.

⚠ – *beau* / *belle* / *beaux* / *belles* mais *un* **bel** *immeuble* (*bel* devant un nom masculin avec une voyelle)
   – *vieux* / *vieille* / *vieux* / *vieilles* mais *un* **vieil** *hôtel*
   – *nouveau* / *nouvelle* / *nouveaux* / *nouvelles* mais *un* **nouvel** *hôtel*

4 Les adjectifs ordinaux

Pour indiquer un ordre, une chronologie.

La **première** classe   Le **quatrième** étage

1er/1re	2e	3e	4e	5e	6e	7e	8e	9e	10e
Le premier / La première	Le / La deux**ième***	Le / La trois**ième**	Le / La quatr**ième**	Le / La cinq**uième**	Le / La six**ième**	Le / La sept**ième**	Le / La huit**ième**	Le / La neuv**ième**	Le / La dix**ième**

*2e : on dit aussi *le / la second(e)*.

5 Les articles contractés

Au bout **du** couloir	De + le = DU
À côté **de la** réception	De + la = DE LA
À droite **de l'**ascenseur	De + l' = DE L'
En face **des** escaliers	De + les = DES

6 Les expressions impersonnelles avec *IL*

Il y a des bus. = **pour exprimer l'existence**
Il est 6 heures. = **pour indiquer l'heure**
Il fait froid. = **pour indiquer le temps qu'il fait**

⚠ Ces expressions sont toujours au singulier.

7 Le pronom sujet *ON*

Quentin : **On** commence à 7 heures demain ! Qu'est-ce que tu proposes ?
Diana : Il est 5 heures et demie, **on** a le temps de visiter la vieille ville.

On commence à 7 heures demain. = Nous commençons à 7 heures demain.	On commenc**e**
On a le temps de visiter la vieille ville. = Nous avons le temps de visiter la vieille ville.	On **a**
ON signifie NOUS	Conjugaison avec **ON** = conjugaison avec Il / ELLE

8 La conjugaison des verbes

PRENDRE	SORTIR / PARTIR	VOULOIR	SAVOIR
Pour indiquer un moyen de locomotion ou de déplacement.	**Pour indiquer des déplacements.**	**Pour exprimer la volonté, le désir.**	**Pour demander une information.**
Je prends	Je sors / pars	Je veux	Je sais
Tu prends	Tu sors / pars	Tu veux	Tu sais
Il / Elle / On prend	Il / Elle / On sort / part	Il / Elle / On veut	Il / Elle / On sait
Nous prenons	Nous sortons / partons	Nous voulons	Nous savons
Vous prenez	Vous sortez / partez	Vous voulez	Vous savez
Ils / Elles prennent	Ils / Elles sortent / partent	Ils / Elles veulent	Ils / Elles savent

⚠ Les verbes *apprendre* et *comprendre* se conjuguent comme le verbe PRENDRE.

PRONONCEZ Mes audios ▸ 29-30

1. Écoutez l'intonation (la dernière syllabe phonétique a un ton plus haut).

a. Vous souhaitez partir quand ?   b. Vous avez une carte ?   c. Qui participe au voyage ?

d. Comment souhaitez-vous voyager ?   e. En première classe ?

2. Écoutez la prononciation des voyelles en gras.

a. **Où** s**ou**haitez-v**ou**s partir ?   d. Mon bur**eau** est en face d'un b**eau** jardin.

b. Je voudr**ai**s les hor**ai**res du bus, s'il vous pl**aî**t.   e. Le rest**au**rant se trouve **au** 1er étage.

c. V**oi**ci vos clés. La chambre cent trente-tr**oi**s est au fond du coul**oi**r.

ENTRAÎNEZ-VOUS

1. Questionnaire d'enquête

Complétez les questions avec un pronom interrogatif (*où* / *quand* / *qui* / *comment*). Plusieurs réponses sont possibles.

.... prend le bus dans votre famille ?
.... vous achetez vos tickets ?
.... se trouve le composteur* dans le bus ?
.... sont les arrêts de bus les plus près de chez vous ?
.... passe le bus ?
.... s'appelle la compagnie de bus ?
.... vous vous installez dans le bus ?
.... voyage avec vous ?

*Machine pour valider les tickets.

2. Voyage bien préparé

Donnez des instructions à votre collègue Thomas que vous tutoyez (TU). Utilisez l'impératif.

– Chercher un vol sur Internet
– Imprimer ton billet
– Envoyer un mail à Isabelle
– Préparer ta valise
– Ne pas payer avec ma carte de crédit
– Aller à la banque
– Laisser ton planning à mon assistante
– Ne pas oublier ton passeport

3. Un bureau pour une heure

Dans la publicité, choisissez la forme correcte de l'adjectif.

LOCABURO

- Installez votre *nouveaux* / *nouveau* / *nouvelles* bureau pour quelques heures ou quelques mois dans notre *grandes* / *grands* / *grand* centre d'affaires.
- Nos bureaux sont bien *aménagé* / *aménagés* / *aménagées* et *fonctionnel* / *fonctionnelles* / *fonctionnels*.
- Nous proposons également des salles de réunions *spacieux* / *spacieuse* / *spacieuses* et *équipé* / *équipés* / *équipées*.
- La décoration des bureaux et des salles de réunion est *jolis* / *jolie* / *jolies* et *adapté* / *adaptés* / *adaptée*.
- Et nos prix sont *exceptionnels* / *exceptionnelles* / *exceptionnel* !

Renseignez-vous vite et bénéficiez d'une réduction « *nouvelle* / *nouvel* / *nouveau client* » !

4. La bonne place !

Corrigez les articles dans les phrases ci-dessous.

Mon bureau est à côté
1. le service marketing.

Je travaille
2. près la fenêtre.

Il y a une plante
3. à droite la porte.

Mon service est en face
4. les ascenseurs.

Moi, je suis juste en face
5. le bureau de Barbara.

J'aime travailler
6. près les jardins.

Notre entreprise est au bout l'avenue
7. Descartes.

J'ai mon bureau
8. à gauche l'entrée.

5. Petits textos sympas !

Complétez les textos avec *il y a* / *il fait* / *il est*.

Coucou, ... beau à Bordeaux ☺

Salut, regarde à quelle heure .... un train pour Nice.

.... 10 heures du soir chez nous. Je te téléphone demain ! Bise

Judith, ... ton dossier à côté de l'ordinateur. A+

.... très froid. N'oublie pas ton manteau !

6. Conversations instantanées

Remplacez *nous* par *on* ou *on* par *nous* et conjuguez correctement les verbes.

1.
À quelle heure nous allons chez APG ?

Nous avons rendez-vous à 10 heures, nous devons quitter le bureau à 9 heures et demie.

OK. Nous prenons un taxi ?

Oui.

2.
On prépare la présentation de jeudi ?

Ok. On travaille dans ton bureau ?

Oui. On demande à Thomas de venir ?

Non, on peut travailler seuls.

TESTEZ-VOUS

1. hotelplus.com

Vous cherchez un hôtel. Lisez les descriptifs sur hotelplus.com puis associez chaque énoncé à l'hôtel correspondant.

a
Hôtel Bellevue *
Situé dans la vieille ville, il offre une belle vue sur la cathédrale. 5 chambres simples avec douche. 15 chambres doubles avec salles de bain. À 5 min de la gare et des transports en commun. Nombreux cinémas et restaurants à proximité. Profitez d'un accès à Internet gratuit. Télévision - Bar - Restaurant - De 55 à 70 €. Ouvert d'avril à octobre.

b
Auberge du Lac **
Hôtel de charme avec un joli jardin à 10 km du centre-ville. 20 chambres personnalisées. Facile d'accès en voiture. Parking privé. Sans restaurant. De 65 à 80 €. Ouvert toute l'année.

c
Domaine de Chambon***
Établissement moderne avec une décoration contemporaine. Grandes chambres équipées d'un bureau. Télévision par satellite et connexion à Internet. Restaurant gastronomique. Tarif des chambres, petit déjeuner inclus : de 100 à 130 €. 1 € de taxe de séjour. Fermeture annuelle en février.

1. Il y a un métro ou un bus à côté de l'hôtel.   N° …
2. L'hôtel est fermé un mois par an.   N° …
3. L'hôtel se trouve dans la ville.   N° …
4. On ne peut pas déjeuner dans cet hôtel.   N° …
5. Il y a des loisirs faciles d'accès.   N° …
6. Le petit déjeuner est compris dans le prix de la chambre.   N° …

2. Au bureau d'informations de la gare ⊚ Mes audios ▸ 31

Écoutez et cochez la bonne réponse.

1. Où est le restaurant ?
   a. ☐ à droite de l'escalier
   b. ☐ au rez-de-chaussée, en face de l'escalier
   c. ☐ au premier étage

2. Où se trouve la station de métro ?
   a. ☐ en face de la gare
   b. ☐ à droite de la gare
   c. ☐ à proximité du jardin public

3. À quelle heure est-ce qu'il y a un train direct pour Madrid ?
   a. ☐ à 9 h 30
   b. ☐ à 13 h 15
   c. ☐ à 19 h 40

3. À l'agence de voyage ⊚ Mes audios ▸ 32

Écoutez et vérifiez la réservation en ligne. Corrigez les erreurs.

Vol aller Paris–Rome Lundi 6 septembre

Vol	Départ / Arrivée		Classe
AF 1212	07 : 15	Paris, Charles-de-Gaulle (CDG), France – Terminal 2F	Économique
	09 : 20	Rome, Fiuminico (FCO), Italie – Terminal 1	

Vol retour Milan–Paris Jeudi 12 novembre

Vol	Départ / Arrivée		Classe
AF 1801	18 : 25	Milan, Linate (LIN), Italie	Premium affaires
	20 : 30	Paris, Charles-de-Gaulle, France – Terminal 2F	

⊚ **Mon portfolio** ▸ Unité 4

Repères culturels

Je **valide**, je **voyage**

Faites connaître les transports dans votre pays. Répondez au questionnaire.

Dans votre ville

1. Quels moyens de transport en commun (transport collectif) existent ?
   ○ Bus   ○ Métro   ○ Tramway   ○ Train
2. Quel(s) moyen(s) de transport en commun vous utilisez souvent ?
3. Quels sont les tarifs ? Est-ce qu'il y a des contrôles ?

Dans votre pays

4. Pour voyager, quel type de transport en commun on peut utiliser ?
   ○ Bus   ○ Train   ○ Avion
   ○ Autre : ....
5. Est-ce qu'il y a des classes différentes dans ces transports ?

Dans les grandes villes françaises, il y a différents types de transports en commun : **bus, métro, tramway, trains de banlieue.**

En France, il existe différents tarifs. Ils correspondent à l'âge ou à la situation (senior, jeune, famille nombreuse, demandeur d'emploi, etc.).

Pour voyager dans les transports en commun en France, vous devez :
– **avoir un titre de transport** (billet, ticket ou carte). Les contrôles dans les transports en commun sont fréquents.
Les voyageurs sans titre de transport paient une amende.
– **composter ou valider votre titre de transport** : des machines spéciales existent dans les stations, les gares et les bus pour composter les tickets et les billets ou valider les cartes.

Je **choisis** mon **hébergement**

↘ **Quand vous voyagez, quel type d'hébergement, choisissez-vous ? Pour les vacances ? Pour un voyage d'affaires ? Pourquoi ?**

Les hôtels de tourisme sont classés par nombre d'étoiles selon de nombreux critères : le confort des chambres, les équipements, la qualité du service, les langues parlées, l'intérêt historique du bâtiment ou la situation géographique, etc.

Les hôtels résidentiels proposent des appartements avec kitchenette ou cuisine, souvent en centre-ville.

La chambre d'hôte est une chambre à louer chez l'habitant. Le petit déjeuner est toujours inclus dans le prix de la chambre. On peut rencontrer des Français dans une ambiance familiale.

le gîte est une maison meublée à louer. Il est à la campagne ou en bord de mer. C'est un bon choix pour des vacances en famille.

Les **frais professionnels**

↘ **Dans vos fonctions, est-ce que vous êtes souvent en déplacement professionnel ou en voyage d'affaires pour votre entreprise ? Est-ce que vous pouvez choisir le moyen de transport, l'hôtel ? Est-ce que vous payez directement vos frais ? Comment se fait le remboursement de vos dépenses ?**

Quand un employé est en déplacement ou en voyage pour son activité professionnelle, il peut avoir des dépenses de transport, d'hébergement, de repas, de taxi ou d'essence pour la voiture. L'entreprise peut rembourser les dépenses.

En France, l'entreprise peut choisir entre deux modes de remboursement :
– **le remboursement des frais sur justificatifs** (note d'hôtel ou de restaurant, ticket ou billet de transport, reçu de taxi...).
– **le forfait** : une somme d'argent est calculée par l'entreprise, souvent par jour et selon la fonction de l'employé.

Il y a plusieurs solutions pour payer une note de frais :
– l'employé avance les frais et l'entreprise rembourse.

– **les avances** : l'entreprise donne une somme d'argent.
– **les cartes de crédit « affaires »** : l'entreprise donne une carte de crédit à l'employé pour payer ses dépenses.

Note de frais   0801JCC005

Objet	Mission Pays-Bas	**Période**	du 14 janvier au 16 janvier

Informations sur l'employé(e)

Nom	Margaux Joubert	**Fonction**	Responsable des achats
Service	Achats		

Date	Description	Hôtel	Transport	Repas	Essence	Divers (frais de visa, vêtements, valise...)	Total
14/01	Pays-Bas	90 €	105 €	31 €	80 €	25 €	331 €
15/01	Pays-Bas	90 €	175 €	37 €	00 €	00 €	302

Sous-total : 633 €   **Avance :** 500 €   Reste à p...

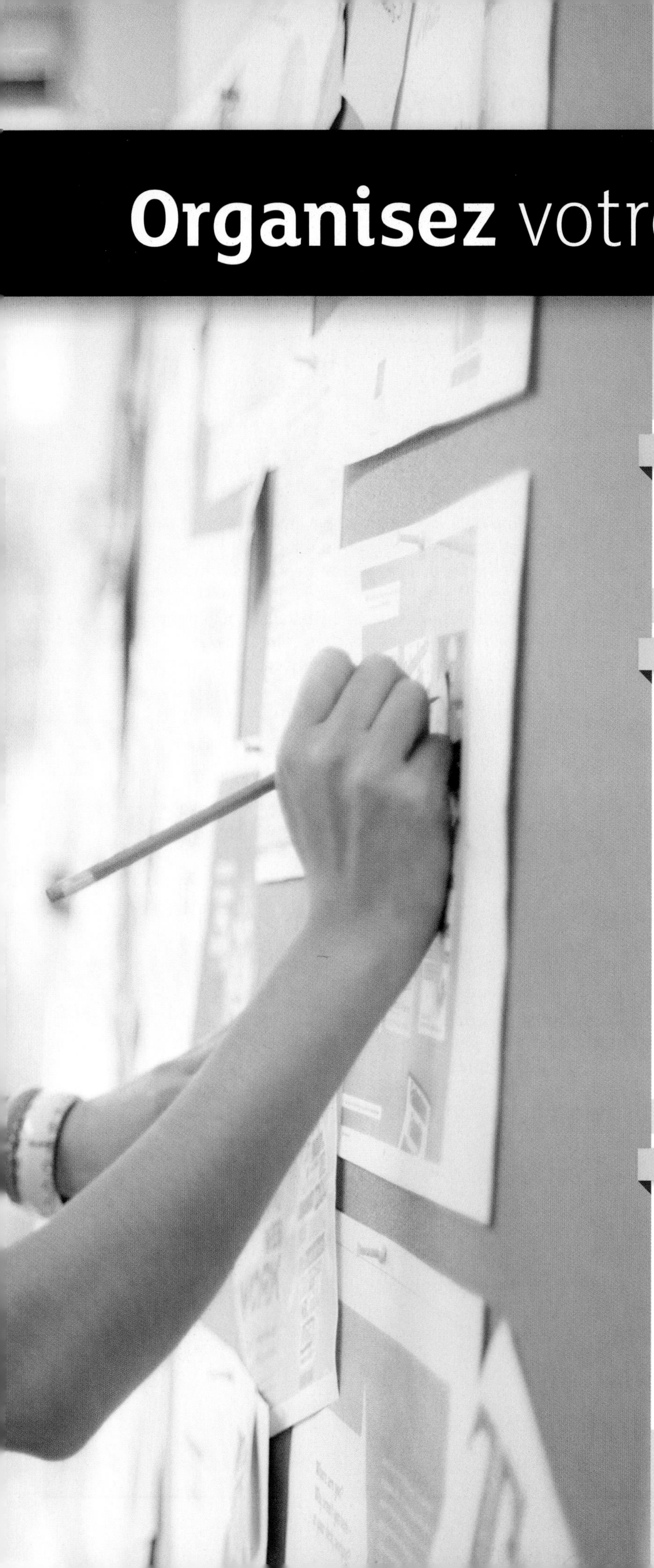

UNITÉ 5

Organisez votre journée !

A1

Pour être capable

- **de parler de vos activités quotidiennes**
- **d'expliquer vos habitudes alimentaires**
- **de donner des consignes de travail et de demander des explications**

Vous allez apprendre à

- décrire des habitudes
- indiquer un moment
- exprimer la fréquence
- indiquer des activités sportives
- indiquer des actions proches ou des projets
- donner des instructions
- indiquer la provenance ou la destination
- parler d'un rendez-vous
- parler des repas et décrire des habitudes alimentaires
- indiquer une chronologie
- obtenir des explications ou des précisions
- donner des appréciations positives

Vous allez utiliser

- les formes interrogatives : soutenue, familière et standard
- les verbes pronominaux
- les verbes *aller*, *partir*, *venir* et *arriver* et les prépositions *à* et *de*
- le futur proche
- les articles partitifs
- le complément de nom
- les adjectifs démonstratifs

⚠ **Pensez à consulter** Mon lexique

A 24 heures avec une pro !

DOSSIER
ORGANISER SON TEMPS

Interview de Myriam Cousseau, directrice de Tourévasion
« Entre vie **professionnelle** et vie **personnelle** »

Myriam Cousseau est directrice de Tourévasion, une agence de voyage en ligne

Défis économiques : Comment commencez-vous votre journée ?

Myriam Cousseau : Je me réveille tous les jours à 6 heures et demie. Je fais 30 minutes de gymnastique puis je réveille mes enfants à 7 heures. Ensuite, nous prenons le petit déjeuner ensemble et après, ils se préparent pour l'école. Moi, je me douche, et je m'habille pour aller travailler. J'accompagne mes enfants en voiture à l'école tous les jours. Nous partons de la maison entre 8 heures et 8 heures et demie.

Défis économiques : Comment organisez-vous votre journée ?

Myriam Cousseau : Quand j'arrive au bureau, j'ai l'habitude de prendre un petit café puis je lis mes courriels. Ensuite, je vérifie mon emploi du temps avec mon assistante. Dans la matinée, j'ai souvent des réunions avec les conseillers-clientèle et je contacte nos agents commerciaux à l'étranger. L'après-midi, j'étudie les nouveaux circuits. Je rencontre aussi nos partenaires. Parfois, je vais à des salons professionnels.

Défis économiques : Avez-vous beaucoup de déjeuners d'affaires ?

Myriam Cousseau : Je déjeune quelquefois à l'extérieur avec des responsables d'agence mais, en général, je déjeune au restaurant d'entreprise avec mes collaborateurs.

Défis économiques : À quelle heure finissez-vous le soir ?

Myriam Cousseau : Je pars habituellement vers 19 heures du bureau et quand j'arrive chez moi, je m'occupe de mes enfants. Une fois par semaine, le jeudi soir, je joue au tennis de 19 h 30 à 20 h 30 après le travail.

Défis économiques : Travaillez-vous le soir chez vous ?

Myriam Cousseau : Oui, après le dîner, je consulte ma boîte mail et je réponds aux courriels urgents et puis je lis ou je regarde la télévision. J'essaye d'avoir une vie équilibrée et je ne me couche pas tard. ■

Défis économiques – Février / 32

Vous êtes Myriam Cousseau, complétez votre agenda électronique.
✓ Déjeuner Agence Duverger
✓ Urgent : répondre mail Philippe Petit
✓ Tennis avec Sophie
✓ Voir planning rendez-vous avec Solenne
✓ Réunion conseillers-clientèle
✓ Étudier « Vietnam Essentiel »
✓ Rendez-vous avec responsable marketing Air France

Jeudi 25 mars
9:30
11:00
13:00
14:30
17:00
19:30
22:00

3 Retenez

Pour indiquer un moment :

Moment précis	Moment approximatif
À 6 heures et demie. De 19 h 30 à 20 h 30. L'après-midi. Le jeudi soir.	Entre 8 heures et 8 heures et demie. Quand j'arrive au bureau. Dans la matinée. Vers 19 heures. Après le travail. Tard.

Pour décrire des habitudes :
Je me réveille **tous les jours** à 6 heures et demie.
J'ai l'habitude de prendre un petit café.
Je pars **habituellement** vers 19 heures.
Une fois par semaine, le jeudi soir, je joue au tennis.

Pour indiquer des activités sportives :
Je joue au tennis / au golf.
Je fais de la gymnastique / du jogging.

Des partenaires professionnels
un agent • un conseiller (clientèle) • un collaborateur / une collaboratrice • un partenaire

Des activités professionnelles
aller à des salons professionnels / des conférences • avoir des réunions • contacter ou rencontrer des collaborateurs / des clients / des partenaires • étudier / consulter des dossiers • lire / consulter des courriels, répondre à des courriels • vérifier un emploi du temps / un planning

4 Passez à l'action

 Témoignages.

1. **Un(e) journaliste du magazine *Défis économiques* vous interroge pour le dossier « Organiser son temps ». Répondez à ses questions.**

 2. **Vous travaillez pour le magazine *Défis économiques*. Vous interrogez une des personnes ci-dessous sur son emploi du temps et vous racontez sa journée dans un article.**

Christine Morin
Médecin

Alexandre Belando
Étudiant en informatique

Julia Moretti
Guide touristique

Guillaume Chan
Commercial

Mes vidéos ▸ 24 heures avec une hôtesse de l'air

B Planning serré !

M. Marmont :	Excusez-moi, Nathalie. Je voudrais vérifier mon planning avec vous. Vous pouvez venir ?
Nathalie :	Oui, oui, j'arrive…
M. Marmont :	Alors… demain, je vais travailler à Nice toute la journée. Vous avez mes cartes d'embarquement ?
Nathalie :	Oui. Demain matin, vous partez de l'aéroport de Paris-Orly, terminal S. C'est un vol Air France. Embarquement à 7 h 40 puis décollage à 8 h 05. Vous arrivez à Nice à 09 h 25. Le soir, décollage à 18 h 20 et arrivée à Paris à 19 h 45.
M. Marmont :	Parfait ! Merci. Ensuite… mercredi, je suis là… et jeudi, nous allons recevoir M. Grill et Mme Chapon. Ils viennent de Bordeaux pour présenter leur nouvelle collection. Vous pouvez réserver la salle de réunion pour 15 h, s'il vous plaît ?
Nathalie :	D'accord, mais il y a un problème : jeudi, vous avez un rendez-vous à la banque à 15 h 30 !
M. Marmont :	Ah oui, c'est vrai ! Bon… vous allez annuler le rendez-vous avec le banquier. Fixez une autre date avec lui pour la semaine prochaine.
Nathalie :	Très bien ! Je vais appeler tout de suite.

2 Réagissez

1. **Complétez la carte d'embarquement pour le vol aller de M. Marmont.**

⊜services › **CARTE D'EMBARQUEMENT** **AIR FRANCE**
BOARDING PASS

Nom / Name **BRUNO MARMONT** E-ticket # ZF6KCR
Vérifiez le terminal et la porte à l'aéroport / Verify terminal and gate at airport

N° Vol Flight	**Date** Date	De à From **To**	Départ à Départure	**Porte** Gate	Embarq. Boarding	Classe Class	**Siège** Seat	Sec.Nr. Sec.Nr.
AF 6202	15/05	....	....	A12	....	Y	20 F	3

Vol Effectué par / Operated By ....

Document à conserver jusqu'à la fin de votre parcours / Please keep this document until the end of your trip

2. **Vous êtes l'assistante de Bruno Marmont. Notez vos tâches sur le bloc note.**

3 Retenez

**Pour indiquer des actions proches
ou des projets :**
Demain, **je vais travailler** à Nice toute la journée.
Jeudi, **nous allons recevoir** M. Grill et Mme Chapon.
Je vais appeler tout de suite.

(→ voir Outils linguistiques, 4. p. 84.)

Pour indiquer la provenance ou la destination :
Vous partez de l'aéroport de Paris-Orly.
Vous arrivez à Nice à 09 h 25.
Ils viennent de Bordeaux pour présenter leur nouvelle collection.

(→ voir Outils linguistiques, 3. p. 84.)

**Pour donner des instructions à un collaborateur /
une collaboratrice :**
Vous pouvez réserver la salle de réunion pour 15 h,
s'il vous plaît ?
Vous allez annuler le rendez-vous.
Fixez une autre date avec le banquier.

Pour parler d'un rendez-vous :
Fixer une date / une heure.
Proposer une date.
Annuler un rendez-vous.
Reporter un rendez-vous.

Les voyages en avion
un aéroport • un atterrissage / atterrir • une carte d'embarquement • un décollage / décoller • une destination • un embarquement, • une provenance • un siège • un terminal • un vol

4 Passez à l'action

Tout un programme !
1. **Vous allez organiser un événement dans votre entreprise (journée portes ouvertes, inauguration de nouveaux bureaux, accueil d'un groupe de collègues étrangers, anniversaire de l'entreprise...). Vous êtes en réunion et vous annoncez les actions prévues. Vos collègues vous posent des questions.**

Un(e) bon(ne) assistant(e).
2. **Vous êtes en déplacement. Écrivez un mail à votre assistant(e) pour donner des instructions.**

c Et vous, où et comment déjeunez-vous ?

Et vous ? Où et comment déjeunez-vous ?
Décrivez vos habitudes.

↗ Participer

Pierre

Je déjeune à la cantine de ma société. En général, je choisis d'abord des crudités. Ensuite, je mange de la viande (du bœuf ou du poulet) avec des légumes ou du riz. Je ne mange pas de fromage mais je prends un yaourt et un fruit en dessert. Je prends un verre de vin pour accompagner mon repas.

💬 Vos réactions　　　　　　　　　　　　↗ Réagir à cette contribution

Nadège

Je n'ai pas beaucoup de temps pour déjeuner alors je mange rapidement au bureau. En général, je prends un sandwich. Après, je mange une pomme. Je bois de l'eau. J'ai toujours une bouteille d'eau dans mon bureau. Parfois, je vais boire un thé à la cafétéria. Le soir, je prépare un vrai repas à la maison.

💬 Vos réactions　　　　　　　　　　　　↗ Réagir à cette contribution

Amir

J'ai beaucoup de repas d'affaires à l'extérieur, au restaurant. Alors, je fais très attention. Pour commencer, je choisis toujours une salade. Je ne mange jamais de viande, je préfère le poisson. Je prends parfois un dessert léger : un sorbet ou une salade de fruits et toujours un café pour finir mon repas.

💬 Vos réactions　　　　　　　　　　　　↗ Réagir à cette contribution

2 Réagissez

Vous faites une enquête. Faites la synthèse des informations puis complétez le tableau.

	Où déjeunent-ils ?	Que mangent-ils ?		
		Entrée	Plat	Dessert
Pierre				
Nadège				
Amir				

3 Retenez

Les repas et les plats
le petit déjeuner ▪ le déjeuner ▪ le dîner ▪
l'entrée ▪ le plat principal ▪ le dessert

Pour décrire des habitudes alimentaires :
En général, je **choisis** d'abord des crudités.
Ensuite, je **mange** de la viande avec des légumes ou
du riz.
Je **bois** de l'eau.
Je **prends** un verre de vin pour accompagner mon repas.
Je **ne mange jamais de** viande.

Pour indiquer la chronologie :
d'abord / ensuite / après / pour finir / enfin

Pour indiquer des quantités précises :
Je prends **un yaourt** et **un fruit** en dessert.
Je prends **un verre de vin** pour accompagner mon repas.
J'ai toujours **une bouteille d'eau** dans mon bureau.

○ Mes docs ▸ Les produits alimentaires
▸ Tableau des poids, tailles et mesures

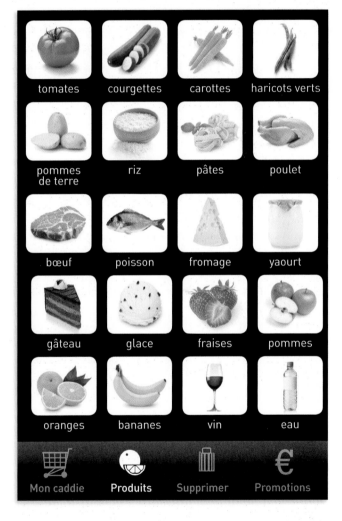

tomates   courgettes   carottes   haricots verts

pommes de terre   riz   pâtes   poulet

bœuf   poisson   fromage   yaourt

gâteau   glace   fraises   pommes

oranges   bananes   vin   eau

Mon caddie   **Produits**   Supprimer   Promotions

4 Passez à l'action

Témoignez !
1. **Comme Pierre, Nadège et Amir, participez au forum. Dites où vous déjeunez
et décrivez votre repas habituel.**

Tu viens dîner à la maison ?
2. **Vous êtes invité(e) à dîner chez un(e) collègue francophone et il/elle vous pose
des questions sur vos goûts et vos habitudes alimentaires.**

D Rendez-vous avec le webmestre*

1 Écoutez   ● Mes audios ▸ 34

Dans une agence de voyage

La responsable marketing :	Nous devons faire de la publicité pour nos voyages. Qu'est-ce que vous proposez ?
Le webmestre :	Un email commercial ?
La responsable marketing :	C'est une bonne idée ! Mais expliquez-moi comment vous voyez ce message.
Le webmestre :	Je vois une page avec les photos des destinations en promotion et des liens pour aller vers le site Internet de l'agence.
La responsable marketing :	Je voudrais des précisions. Est-ce que vous allez mettre des informations avec ces photos ?
Le webmestre :	Oui, le nom du pays et le prix du voyage. Les clients vont cliquer et vont pouvoir naviguer sur les pages du site.
La responsable marketing :	C'est super ! Mais on peut aussi mettre des rubriques spécifiques sur cette page ?
Le webmestre :	Bien sûr ! Quelles rubriques est-ce que vous voulez ?
La responsable marketing :	Une rubrique « vol », une rubrique « hôtel », une rubrique « voyage » et une rubrique « circuit ».
Le webmestre :	Et où est-ce que vous voulez ces rubriques ?
La responsable marketing :	En haut de la page. C'est bien non ?
Le webmestre :	Oui, oui, c'est parfait ! Je viens avec une proposition la semaine prochaine.

*webmaster

2 Réagissez

Indiquez quelle page le webmestre va proposer.

3 Retenez

Pour obtenir des explications / des précisions :
Expliquez-moi comment vous voyez ce message.
Je voudrais **des précisions / des explications.**

Pour donner des appréciations positives :
C'est une bonne idée !
C'est bien, non ?
C'est parfait !
C'est super !

Internet
un fichier • télécharger un fichier
un lien • cliquer sur un lien • ouvrir un lien
un onglet • ouvrir un onglet
une rubrique • cliquer sur une rubrique
une page • afficher une page
un site • naviguer sur un site

4 Passez à l'action

Un événement important.
1. **Votre entreprise organise un événement important (salon, ouverture de magasin, de restaurant, etc.) et vous êtes chargé(e) d'organiser cet événement. Interrogez votre responsable pour obtenir des précisions sur le lieu, le programme, les dates, etc.**

Un site bien pensé.
2. **Présentez à un collègue un site commercial que vous connaissez bien. Décrivez la page d'accueil et parlez des différentes pages et services proposés. Votre collègue demande des précisions.**

OUTILS LINGUISTIQUES

1 Les formes interrogatives : soutenue, familière et standard

Pour interroger et obtenir des informations.

Comment **commencez-vous** votre journée ? **Avez-vous** beaucoup de déjeuners professionnels ? À quelle heure **finissez-vous** le soir ? **Travaillez-vous** le soir chez vous ?	Comment **vous commencez** votre journée ? **Vous avez** beaucoup de déjeuners professionnels ? À quelle heure **vous finissez** le soir ? **Vous travaillez** le soir chez vous ?
Forme soutenue : (mot interrogatif*) + Verbe + sujet	**Forme familière :** (mot interrogatif*) + Sujet + verbe

Qu'**est-ce que** vous proposez ? Quelles rubriques **est-ce que** vous voulez ?	**Est-ce que** vous allez mettre des informations sous ces photos ? Où **est-ce que** vous voulez ces onglets ?
Forme standard : (mot interrogatif*) + *Est-ce que* + sujet + verbe ⚠ est-ce que + *il / elle / on* ou voyelle (ex. : *Anna*) = *est-ce qu'*	

**où, quand, comment, qui, pourquoi, que*

2 Les verbes pronominaux

Pour indiquer une action faite sur soi-même.

Je **me** réveille. Ils **se** préparent.	Je réveille les enfants. Je prépare le petit déjeuner.
Le sujet fait l'action sur lui-même. ➡ On utilise **un pronom réfléchi** après le sujet.	Le sujet fait l'action sur quelqu'un ou quelque chose. ➡ Le verbe n'a pas de pronom réfléchi.

Le **pronom réfléchi** varie avec les personnes :

Je **me** douche	Nous **nous** douchons	Je **m'**habille	Nous **nous** habillons
Tu **te** douches	Vous **vous** douchez	Tu **t'**habilles	Vous **vous** habillez
Il / Elle / On **se** douche	Ils / Elles **se** douchent	Il / Elle / On **s'**habille	Ils / Elles **s'**habillent

3 Les verbes *ALLER, PARTIR, VENIR* et *ARRIVER* et les prépositions *À* et *DE*

(→ **Voir tableaux de conjugaison p. 180 à 182**)

Pour indiquer un déplacement.

Je vais travailler à Nice.   **Vous partez de** l'aéroport d'Orly.
Vous arrivez à Nice à 09 h 25.   **Ils viennent de** Bordeaux pour présenter leur nouvelle collection.

Je vais Je pars J'arrive	à Nice / en France / au Kenya / aux Pays-Bas. au bureau / à la maison / à l'aéroport.	Je viens Je pars J'arrive	de Nice / de France / du Kenya / des Pays-Bas. du bureau / de la maison / de l'aéroport.
Pour indiquer la destination *Aller / Partir / Arriver* + *à, au, en, aux* + **ville ou pays** + *au, à la, à l', aux* + **nom de lieu**		**Pour indiquer la provenance ou le point de départ** *Venir / Partir / Arriver* + *de, du, d', des* + **ville ou pays** + *du, de la, de l', des* + **nom de lieu**	

4 Le futur proche

Pour indiquer un projet proche ou donner des instructions.

Je **vais** téléphoner à Marie Dutour. On **va** proposer une autre date.	Nous **allons** travailler avec la société Web Édition. Vous **allez** annuler le rendez-vous.
Verbe *aller* conjugué au présent + **verbe à l'infinitif**	

5 Les articles partitifs

Pour indiquer la quantité.

Je prends **un** yaourt. Je mange **une** pomme.	Je mange **de la** viande (**du** bœuf ou **du** poulet) avec **des** légumes ou **du** riz. Je bois **de l'**eau.	Je prends **un verre de** vin. J'ai toujours **une bouteille** d'eau dans mon bureau.	Je ne mange **pas de** fromage. Je ne mange **jamais de** viande.
Aliments **comptables** Quantité précisée par un nombre	Aliments **non comptables** ou **partie d'un tout** Quantité **non précisée**	Aliments **non comptables** Quantité précisée par un **contenant**	Aliments **comptables** ou **non comptables** **Quantité zéro**
UN *UNE* *DEUX*, *TROIS*, etc.	*DU* + nom masculin *DE LA* + nom féminin *DE L' / D'* devant un nom commençant par une voyelle *DES* + nom pluriel	*Un verre DE* *Une bouteille D'*	*PAS DE / D'* *JAMAIS DE / D'*

⚠ Avec les verbes *aimer*, *adorer*, *préférer*, etc., on utilise les articles *LE / LA / L' / LES*.

6 Le complément de nom

Pour apporter une précision ou exprimer l'appartenance.

Je vois une page avec **les** photos **des** destinations. Il y a des liens pour aller sur **le** site Internet **de l'**agence.	Les clients vont voir **le** nom **du** pays et **le** prix **du** voyage. Les clients vont naviguer sur **les** pages **du** site.
le, la, l', les + nom +	**du** + nom masculin singulier **de la** + nom féminin singulier **de l'** + nom masculin ou féminin singulier commençant par une voyelle **des** + nom masculin ou féminin pluriel

7 Les adjectifs démonstratifs

Pour présenter, montrer, indiquer un objet, un lieu ou une personne.

Comment vous voyez **ce** message ? On peut mettre des rubriques sur **cette** page ?		Où est-ce que vous voulez **ces** rubriques ?
CE avec un nom masculin singulier	*CETTE* avec un nom féminin singulier	*CES* avec un nom masculin ou féminin pluriel

⚠ *CE* devient *CET* devant un nom commençant par une voyelle ou *h*. Exemple : C̶E̶ *hôtel* → *cet hôtel*.

PRONONCEZ ◉ Mes audios ▶ 35-36

1. L'intonation dans les questions.

Écoutez les questions et dites pour quelles questions l'intonation est montante ↗ **et pour quelles questions l'intonation est descendante** ↘ .

a. Comment organisez-vous votre journée ?
b. Avez-vous beaucoup de déjeuners d'affaires ?
c. À quelle heure finissez-vous le soir ?
d. Travaillez-vous le soir chez vous ?

Réécoutez et répétez les questions.

2. Le e caduc.

Écoutez et répétez les phrases sans prononcer les e en gras.

a. J**e** me réveill**e**.
b. J**e** fais d**e** la gym.
c. J**e** réveill**e** mes enfants.
d. J**e** me douch**e** et j**e** m'habill**e**.
e. J**e** travaill**e** tout**e** la journée.
f. J**e** déjeun**e** à la cantin**e**.
g. J**e** rentr**e** chez moi.

ENTRAÎNEZ-VOUS

1. Sondage

Transformez les questions du sondage. Utilisez la forme soutenue.

SONDAGE VOYAGE-VOYAGES

1	Vous allez souvent à l'étranger ?
2	Vous préférez prendre le train ou l'avion ?
3	Vous êtes satisfait(e) du service dans les aéroports ?
4	Vous contactez parfois des agences de voyage pour organiser vos circuits ?
5	Vous lisez les forums de voyageurs sur Internet ?
6	Quel voyage vous souhaitez faire ?

2. SMS à envoyer

Cochez la forme verbale qui convient (simple ou pronominale) puis conjuguez le verbe.

> Je ... et j'arrive. Karine

1. ☐ préparer
   ☐ se préparer

> Nous ... M. Videau demain ? Marc

2. ☐ appeler
   ☐ s'appeler

> Qui ... la réunion ? Mathilde

3. ☐ diriger
   ☐ se diriger

> Tu ... comment pour la conférence ? Meriem

> Vous ... le projet à quelle heure ? Brice

> On ... dans Toulouse. C'est superbe ! Fred

4. ☐ habiller
   ☐ s'habiller

5. ☐ présenter
   ☐ se présenter

6. ☐ promener
   ☐ se promener

3. Planning chargé

Attribuez les tâches et expliquez le planning à un(e) collègue. Utilisez le futur proche.

Nathalie va...

Lundi	Envoyer les invitations pour le salon (Nathalie)	Réserver une salle de réunion (toi)
Mardi	Préparer les dossiers (nous)	Aller à Bruxelles (les commerciaux)
Mercredi	Rédiger une note de service (moi)	Lire les rapports (M. Bois)
Jeudi	Rencontrer nos concurrents (nous)	Assister à une conférence (Nathalie et M. Bois)
Vendredi	Téléphoner au technicien (toi)	Partir en week-end (moi)

4. Sandwiches à la carte !

Imaginez trois sandwiches et précisez leur composition. Utilisez *du, de la, de l', des*.

Du pain avec de la mayonnaise...

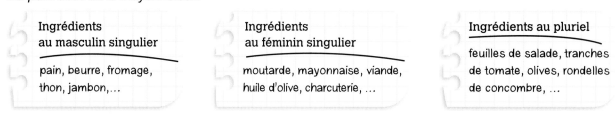

Ingrédients au masculin singulier

pain, beurre, fromage, thon, jambon,...

Ingrédients au féminin singulier

moutarde, mayonnaise, viande, huile d'olive, charcuterie, ...

Ingrédients au pluriel

feuilles de salade, tranches de tomate, olives, rondelles de concombre, ...

5. Ne pas oublier !

Faites un petit mémo des choses à ne pas oublier. Utilisez *de, d', du, de la, de l'* ou *des*.

Ne pas oublier !

1. Les dossiers ... clients
2. La clé ... bureau
3. L'adresse ... hôtel
4. Le nom ... nos partenaires
5. Le numéro de téléphone ... Alice
6. Le code ... salle de réunion

6. Je navigue !

Remplacez les articles par des adjectifs démonstratifs (*ce, cette, cet, ces*) dans les commentaires d'internautes ci-dessous.

1. **Le** site est très beau.
2. **Les** pages sont colorées.
3. **Les** liens sont actifs.
4. **L'**adresse est compliquée.
5. **L'**onglet « circuit » n'est pas utile.
6. **Les** produits sont intéressants.

TESTEZ-VOUS

1. Internet pratique

Vous recherchez des informations et vous lisez la page « Internet pratique » d'un magazine. Indiquez le numéro du site qui convient pour chaque situation.

a www.gfaim.com
Une petite faim au bureau ? Choisissez vos plats en un simple clic et composez votre repas.
Sur ce site, une solution pour vos collègues, conférences, réunions...

b www.compatout.com
Vous voulez ouvrir un compte en banque : consultez ce site.

c www.planetebleue.com
Une belle invitation pour s'envoler vers des destinations lointaines. Sur ce nouveau site, vous pouvez réserver en ligne des circuits personnalisés. Partez 2 semaines et profitez d'une réduction de – 40 %. Des voyageurs témoignent.

d www.locactif
Vous recherchez un lieu pour votre activité professionnelle. Consultez ce site pour trouver le lieu idéal à proximité d'un aéroport ou d'une gare et réservez en un clic.

e www.decollagimmediat.com
Pour réserver un vol à la dernière minute et obtenir un prix bas, allez vite sur ce site. Il est fait pour vous.

f www.tonusplus.com
Tonusplus va vous guider dans vos activités sportives. Venez visiter ce site pour choisir votre salle de sport.

g www.zeosite.com
Vous souhaitez créer un site Internet et vous ne savez pas comment faire. Naviguez sur le site : c'est facile avec Zeosite.

1. Vous voulez visiter un pays et vous cherchez un séjour tout compris (hébergement + visites + transport) pour partir en vacances. → ...
2. Vous organisez un événement professionnel et vous vous occupez de la pause déjeuner pour 20 personnes sur le lieu de travail. → ...
3. Vous devez faire la page d'accueil du site Internet de votre entreprise. → ...
4. Vous devez réserver une salle de réunion dans une ville pour une conférence. → ...
5. Vous voulez faire de la gymnastique. → ...

2. Mon repas au bureau Mes audios ▶ 37

Écoutez ces personnes. Elles parlent de leur repas au bureau.
Indiquez quel repas correspond à chaque personne.

a. .... b. .... c. .... d. ....

3. Un agenda chargé Mes audios ▶ 38

Écoutez le dialogue entre un directeur et son assistant et choisissez la bonne réponse.

	Vrai	Faux	On ne sait pas ?
1. Le directeur va rencontrer son avocat à 10 h.	☐	☐	☐
2. Le directeur va reporter son déjeuner avec les journalistes.	☐	☐	☐
3. Le directeur va avoir une réunion dans la journée.	☐	☐	☐
4. Les commerciaux vont recevoir un mail avec l'heure de la réunion.	☐	☐	☐
5. Le directeur voyage à l'étranger en classe affaires.	☐	☐	☐
6. L'assistante va réserver un taxi pour le directeur.	☐	☐	☐

 Mon portfolio ▶ Unité 5

Repères culturels

Les **repas** et les **habitudes alimentaires** des Français

1. Lisez cet extrait d'un guide touristique.

> Il y a trois repas en France : le petit déjeuner, le déjeuner et le dîner. Le petit déjeuner se compose habituellement de café, de thé ou de chocolat avec de la baguette, du beurre, de la confiture ou des croissants. Le déjeuner est un moment important en France. Les Français déjeunent entre 12 h 30-13 h et 14 h et dînent vers 20 h. Au travail, ils prennent en général moins d'une heure pour déjeuner. Les Français mangent souvent au restaurant d'entreprise* ou à la cantine*. Quand il existe une pièce équipée (avec une table et un four à micro-ondes), ils peuvent apporter leur repas au bureau.
>
> *Lieux où les employés peuvent prendre un repas sur leur lieu de travail à un prix bas. On utilise le mot « cantine » dans les usines ou dans les écoles.

➘ **Décrivez les repas et les habitudes alimentaires dans votre pays ou dans un autre pays que vous connaissez. Pour votre présentation, utilisez les mêmes types d'informations que dans le guide.**

Une invitation chez des Français

2. Vous êtes invité(e) chez des Français. Avez-vous un comportement adapté Faites le test.

1. Vous arrivez avec un quart d'heure de retard.
   ☐ Oui ☐ Non

2. Vous enlevez vos chaussures quand vous arrivez.
   ☐ Oui ☐ Non

3. Vous préparez le repas avec l'hôte/l'hôtesse.
   ☐ Oui ☐ Non

4. Vous venez avec un bouquet de fleurs ou un petit cadeau (une boîte de chocolats, une bouteille de vin ou de champagne, un livre ou un souvenir de votre pays).
   ☐ Oui ☐ Non

5. Vous choisissez votre place à table.
   ☐ Oui ☐ Non

6. Vous attendez que votre hôte/hôtesse commence à manger le/la premier/ière.
   ☐ Oui ☐ Non

7. Vous refusez de manger un plat quand vous n'aimez pas. ☐ Oui ☐ Non

8. Vous vous servez quand vous voulez, inutile de demander. ☐ Oui ☐ Non

9. Vous vous levez de table le premier quand vous avez fini de manger.
   ☐ Oui ☐ Non

10. Vous saluez et vous remerciez quand vous voulez partir. ☐ Oui ☐ Non

3. Maintenant, vérifiez vos réponses et lisez les conseils ci-dessous.

1. Oui : N'arrivez pas en avance mais avec un léger retard de 10 à 15 minutes pour laisser le temps à l'hôte/hôtesse d'être prêt(e). 2. Non : En France, on garde ses chaussures. 3. Non : Quand on est invité, on ne fait pas la cuisine mais, dans un repas informel, on peut aider l'hôte/ hôtesse à porter les plats ou à débarrasser la table à la fin du repas. On pose la question : « Tu veux de l'aide ? ». 4. Oui : L'hôte/hôtesse peut ouvrir le cadeau tout de suite ou plus tard. 5. Non : L'hôte/l'hôtesse place ses invités : en général, l'homme le plus important est à la droite de l'hôtesse et la femme la plus importante à la droite de l'hôte. 6. Oui : L'hôte/hôtesse donne le signal pour commencer le repas. Il/Elle peut dire « Bon appétit ». 7. Non : Par politesse, vous devez toujours accepter de goûter le plat. 8. Non : L'hôte se sert en dernier. Les invitées femmes se servent pour commencer, ensuite ce sont les hommes. L'hôte sert toujours le vin mais après, il peut proposer à l'invité de se servir : « Servez-vous ». 9. Non : Ne vous levez jamais de table avant votre hôte/hôtesse à la fin du repas. 10. Oui : L'invité doit prendre l'initiative du départ, jamais les hôtes.

4. Comptez vos bons comportements et découvrez votre résultat.

> Résultats :
> – Moins de 4 bons comportements : Attention, vous pouvez choquer par votre comportement !
> – De 5 à 8 bons comportements : Ce n'est pas mal mais révisez encore les bonnes manières françaises !
> – Plus de 8 bons comportements : Pas de problème ! Votre comportement est parfaitement adapté !

5. Un Français vous demande comment bien se comporter quand on est invité chez des gens de votre pays. Donnez 6 conseils importants.

Les horaires en France

1. **Parlez de vos horaires. Répondez aux questions.**
→ À quelle heure arrivez-vous au travail ? À quelle heure finissez-vous votre journée de travail ?
→ Avez-vous des pauses dans votre journée de travail ?
→ Combien d'heures travaillez-vous par semaine ?
→ En général, est-ce que les gens respectent les heures de rendez-vous professionnels ?
→ Est-ce que les réunions de travail commencent à l'heure dans votre entreprise ?

2. **Lisez la fiche pratique sur les horaires de travail en France puis étudiez les 5 cas proposés.**

> ## FICHE PRATIQUE
>
> ### Les horaires de travail en France
>
> En France, la durée légale du travail est de 35 heures par semaine.
> Ces heures sont en général réparties sur 5 jours de la semaine.
> Les Français arrivent au travail entre 8 h et 9 h 30 et finissent leur journée entre 17 h et 19 h. Ils ont une pause pour déjeuner entre midi et quatorze heures.
> Une personne peut travailler à **temps plein** (35 h), à **temps partiel** (moins de 35 h) ou à **mi-temps** (17 h 30). Elle peut aussi faire des heures supplémentaires.
>
> Beaucoup d'entreprises proposent des **horaires flexibles** à leurs employés. Ils peuvent choisir l'heure d'arrivée et l'heure de départ. Par exemple, entre 8 h et 10 h et entre 16 h et 19 h.
> Les **réunions de travail** commencent et finissent souvent avec du retard. Mais, pour un entretien d'embauche, un premier rendez-vous, une visite chez un client ou un rendez-vous à l'extérieur au restaurant ou pour une sortie par exemple, vous devez **arriver à l'heure.**

3. **Répondez par oui ou non et justifiez votre réponse.**

Étude de cas	OUI	NON
1. M. Chartier travaille avec des horaires flexibles, il peut arriver à 10 h au travail.	☐	☐
2. Mme Burnos peut travailler à temps partiel 20 h par semaine.	☐	☐
3. M. Gretois peut travailler à temps plein 35 h par semaine.	☐	☐
4. Mme Meunier peut travailler à mi-temps 10 h par semaine.	☐	☐
5. M. Narcos peut arriver avec un quart d'heure de retard chez son nouveau client français.	☐	☐

Les repas d'affaires

Vos collègues français peuvent vous inviter à un déjeuner ou à un dîner d'affaires. Le rendez-vous a lieu au restaurant vers 12 h 30-13 h pour un déjeuner et vers 20 h-20 h 30 pour un dîner.
Votre hôte français arrive le premier. Le repas d'affaires est un moyen agréable de parler des dossiers et des contrats. La conversation professionnelle ne commence pas tout de suite. D'abord, on passe la commande et puis on parle des affaires.
Mais les habitudes changent : on peut aussi vous proposer un plateau-repas dans la salle de réunion pour continuer à travailler. Ce n'est pas un manque de respect, c'est pour ne pas perdre de temps.

Les repas d'affaires sont-ils habituels dans votre pays ?
Comment se passent-ils ?

Faites le bon choix !

Pour être **capable**

- 〉**de commander un repas au restaurant**
- 〉**d'effectuer des achats courants dans des magasins ou en ligne**
- 〉**de trouver un logement**

Vous allez **apprendre à**

- 〉prendre et passer une commande
- 〉interroger sur / décrire un plat, un produit, un logement
- 〉demander l'addition
- 〉indiquer la somme totale, le prix
- 〉demander et préciser un choix
- 〉décrire un appartement
- 〉rapporter des actions passées

Vous allez **utiliser**

- 〉les pronoms COD *le* / *la* / *les*
- 〉les pronoms interrogatifs : *Qu'est-ce que... ?* / *Que... ?* / *Quoi... ?*
- 〉les adjectifs et les pronoms démonstratifs
- 〉les pronoms interrogatifs *lequel* / *laquelle* / *lesquel(le)s*
- 〉les comparatifs
- 〉le passé composé

⚠ **Pensez à consulter** ◎ Mon lexique

A Vous avez choisi ?

Le serveur :	Vous avez une réservation ?
L'homme :	Oui, nous avons réservé au nom de la société Magix.
Le serveur :	Deux couverts, c'est bien cela ?
L'homme :	Oui.
Le serveur :	Est-ce que cette table vous convient ?
L'homme :	Oui, merci… Vous avez la carte, s'il vous plaît ?
Le serveur :	Oui, je l'apporte tout de suite.

Un peu plus tard…

Le serveur :	Messieurs-dames, vous avez choisi ?
La femme :	Oui, on va prendre deux menus trio avec en entrées des chèvres chauds.
Le serveur :	Deux chèvres chauds. Et comme plats ?
La femme :	L'entrecôte du boucher, s'il vous plaît.
Le serveur :	Quelle cuisson pour la viande ?
La femme :	Bien cuite… S'il vous plaît, avec… c'est quoi, la ratatouille ?
Le serveur :	Ce sont des poivrons cuits avec des tomates, des aubergines et des courgettes.
La femme :	Bon, alors avec de la ratatouille.
Le serveur :	Et pour vous monsieur ?
L'homme :	Le saumon grillé, pour moi.
Le serveur :	Vous le voulez avec quelle garniture ?
L'homme :	Avec du riz à l'espagnol.
Le serveur :	C'est noté. Et qu'est-ce que vous voulez boire ? Du vin ?
L'homme :	Oui, on va prendre deux verres de Bordeaux et une bouteille d'eau minérale, s'il vous plaît.

À la fin du repas.

Le serveur :	Ça a été ?
L'homme :	Oui, très bien. On voudrait commander les desserts, s'il vous plaît.
Le serveur :	Je vous écoute.
La femme :	Je vais prendre une mousse au chocolat.
L'homme :	La même chose pour moi… et deux cafés et l'addition, s'il vous plaît !

Menu Plaisir
(Hors boissons)

Plaisir Duo
—
(Entrée + Plat OU Plat + Dessert)
17,90 €

Plaisir Trio
—
(Entrée + Plat + Dessert)
20,90 €

Entrée au choix
Salade « César » au poulet mariné
Chèvre chaud (sup. 1,50 €)
Assiette de tomates et mozzarella
Terrine de sardines
Soupe de poissons

Plat au choix
Entrecôte du boucher
Poulet rôti
Saumon grillé
Escalope de veau
Steak tartare

Garniture au choix : ratatouille,
gratin de pâtes, riz à l'espagnol,
haricots verts, frites

Dessert au choix
Tarte aux pommes
Sorbet à la fraise
Mousse au chocolat
Salade de fruits frais

2 Réagissez

Lisez la carte ci-dessus et repérez les choix des clients sur le menu.

3 Retenez

LE SERVEUR / LA SERVEUSE	LE / LA CLIENT(E)

Pour prendre la commande :
Vous avez choisi ?
Et comme entrée / dessert / boisson… ?
Et pour vous, madame / monsieur ?
Vous prenez… ? Vous désirez… ?
Quelle cuisson pour la viande ?
Et comme garniture ?

Pour passer commande :
L'entrecôte du boucher, s'il vous plaît.
Le saumon grillé, pour moi.
Je vais prendre un chèvre chaud.

Pour indiquer la composition d'un plat :
Des poivrons **avec** des tomates, des aubergines **et** des courgettes.
Une mousse **au** chocolat.
Une **salade de** fruits.

Pour indiquer la cuisson d'une viande grillée :
Bleue (très saignante)
Saignante
À point
Bien cuite

Pour demander une explication :
C'est quoi, (de) la ratatouille ?
C'est servi avec quoi ?

Pour s'assurer de la satisfaction du client à la fin du repas :
Ça a été ?

Pour demander l'addition :
L'addition, s'il vous plaît !
Combien je vous dois ?

4 Passez à l'action

Nous avons choisi !

Vous allez déjeuner avec un(e) ami(e) ou un(e) collègue. Choisissez un restaurant. Le serveur vous apporte la carte. Discutez de vos choix puis commandez les plats. Demandez des explications au serveur.

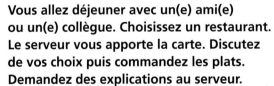

Le bistrot du coin

Formule 11 €
entrée + plat ou plat + dessert
Œuf mayonnaise / Assiette de crudités / Pâté de campagne

Moules marinières frites
Steak frites
Omelette au jambon
Quiche Lorraine , salade verte

Crème caramel / Fromage ou yaourt / Coupe de glace au choix

Les gourmands

MENU GASTRONOMIQUE

Foie gras de canard aux épices
Langoustines poêlées à l'huile d'olive
Salade d'asperges vertes, sauce à l'orange

Filet de bœuf, sauce au foie gras
Agneau à la provençale, légumes de saison
Duo de homard et de Saint-Jacques au Sauternes, champignons des bois

Les fromages de Maître Olivier

Tarte aux fraises, sorbet fromage blanc
Fondant au chocolat, glace vanille
Carpaccio d'ananas au citron vert

 Mes vidéos ▸ « Une table pour deux personnes »

B Et avec ceci ?

1 Écoutez

 Mes audios ▸ 40-41-42-43

Chez un chocolatier

Le client :	Bonjour, madame, je voudrais un assortiment de chocolats.
La vendeuse :	Lesquels vous voulez ?
Le client :	Je ne sais pas. Vous pouvez me conseiller ?
La vendeuse :	Bien sûr. Alors, là, vous avez les chocolats au lait classiques et ici, des chocolats noirs moins sucrés et plus originaux. Ceux-ci sont aux épices et ceux-là sont aux fruits.
Le client :	Et ceux-là sont à quoi ?
La vendeuse :	Au thé vert. Vous voulez goûter ?
Le client :	Oui, je veux bien !

Dans un magasin de chaussures

La cliente :	Mademoiselle, s'il vous plaît !
La vendeuse :	Oui.
La cliente :	Je cherche des chaussures de marche et je voudrais essayer le modèle en vitrine.
La vendeuse :	Quelle est votre pointure ?
La cliente :	Je fais du 38.
La vendeuse :	Très bien. Asseyez-vous, je vais les chercher.

Dans une boulangerie

Le boulanger :	Monsieur !
Le client :	Deux baguettes et trois croissants, s'il vous plaît.
Le boulanger :	Voilà monsieur, et avec ceci ?
Le client :	Ce sera tout, merci.
Le boulanger :	Alors ça vous fait 5 euros 20, s'il vous plaît.

Au rayon « sacs » d'un grand magasin

La mère :	Regarde ces sacs, lequel tu préfères ?
La fille :	Celui-là. Il est magnifique.
La mère :	Moi, je préfère celui-ci. Il est plus élégant. Mais je ne vois pas son prix…
La fille :	Je vais demander à la vendeuse. Excusez-moi, mademoiselle, quel est le prix de ce sac ?
La vendeuse :	Il est à 120 euros. C'est un sac de marque et il est en cuir.

◉ Mes docs ▸ Tableau des poids, tailles et mesures

2 Réagissez

Vous êtes témoin des différentes scènes. Dites quel(s) produit(s) les personnes cherchent ou achètent et notez toutes les informations sur le(s) produit(s).

1.   2.   3.   4.   5.

6.   7.   8.   9.   10.

3 Retenez

LE / LA CLIENT(E)	LE VENDEUR / LA VENDEUSE

Pour donner des informations sur le produit recherché :
Je **voudrais** deux baguettes et trois croissants, s'il vous plaît.
Je **cherche** des chaussures de marche.
Je **voudrais essayer** le modèle en vitrine.
Je **fais / chausse** du 38.

Pour demander des précisions à un client :
Quelle est **votre pointure / votre taille** ?
Lesquels vous voulez ?
Vous avez **une préférence** (de marque / de couleur / de forme) ?

Pour demander de l'aide :
Vous pouvez me conseiller / m'aider ?

Pour présenter les produits vendus :
Variété / Caractéristiques
Là, vous avez les chocolats **au lait classiques** et ici, des chocolats noirs. Ceux-ci sont **aux épices** et ceux-là sont **aux fruits**.
C'est un sac **de marque**.

Pour demander des précisions sur un produit :
Composition / Matière
Ces chocolats **sont à quoi** ?
Est-ce que ce sac **est en cuir** ?

Prix
Quel est le prix de ce sac ?   **Il coûte combien ?**

Composition / Matière
Ces chocolats sont **au thé vert**.
Le sac est **en cuir**.

Prix
Il est à / coûte 120 euros.

Pour faire une proposition :
Vous voulez **goûter / essayer** ?

Pour indiquer ses préférences et comparer des produits :
Je **préfère** ce sac / celui-ci. Il est **plus** élégant.
Ces chocolats noirs sont **moins** sucrés et **plus** originaux.

Pour conclure l'achat :
Non, merci !
Ce sera tout, merci !
Oui, merci !

Pour conclure la vente :
Vous voulez autre chose ?
Et avec ceci ?
Ce sera tout ?

4 Passez à l'action

Au revoir !
1. **Vous voulez offrir des cadeaux à un(e) collègue qui va quitter votre entreprise. Discutez avec d'autres collègues pour trouver trois idées de cadeau. Achetez chaque cadeau (dans un seul magasin ou dans des magasins différents).**

J'apporte le dessert !
2. **Vous organisez un dîner avec des amis et vous vous occupez du dessert pour 4 personnes. Vous allez dans une pâtisserie. Vous interrogez le pâtissier / la pâtissière sur la composition et le prix des gâteaux et vous achetez 4 gâteaux différents.**

C Je peux visiter ?

1 Écoutez

 Mes audios ▸ 44

L'agent immobilier :	Agence immobilière Dumas, bonjour !
Un client :	Bonjour, madame ! Je cherche un appartement à louer.
L'agent immobilier :	Très bien ! Vous recherchez combien de pièces ?
Un client :	Je voudrais 2 chambres et un séjour.
L'agent immobilier :	Un trois-pièces donc. Alors… J'ai un appartement dans le centre-ville et un autre à côté de la gare.
Un client :	Je préfère le centre-ville. C'est à proximité du métro ?
L'agent immobilier :	Oui ! C'est à 200 mètres.
Un client :	Il est grand ?
L'agent immobilier :	Oui, il fait 70 m². Il est au quatrième étage mais il y a un ascenseur.
Un client :	Et quel est le loyer ?
L'agent immobilier :	850 € par mois hors charges.
Un client :	Euh… Je peux le visiter ?
L'agent immobilier :	Oui, bien sûr. J'ai les clés.

2 Réagissez

Retrouvez l'annonce du logement choisi par le client.

Location appartement 3 pièces 70 m² Lille   850 €

Annonce mise à jour le 11 février

Lille (59). Centre ville. Métro République. T3, au 4ᵉ, ascenseur, entrée, double séjour, cuisine, 2 chambres (1 grande et 1 petite), salle de bains, W.C. séparés. Chauffage gaz, parquet. Libre 01/04. 850 € mois hors charges.

🔍 Détail de l'annonce   ⭐ Sélectionner
1. 🖨 Imprimer   ➤ Envoyer à un ami

Location appartement 3 pièces 70 m² Lille   850 €

Annonce mise à jour le 15 février

Lille (59). Centre, proximité gare. T3, au 10ᵉ, balcon avec belle vue sur Lille, grand séjour, cuisine équipée, 2 chambres, salle de bains, W.C. séparés. Garage fermé au sous-sol. 850 € mois + charges. 04.93.39.23.53.

🔍 Détail de l'annonce   ⭐ Sélectionner
2. 🖨 Imprimer   ➤ Envoyer à un ami

3 Retenez

Pour décrire un appartement :

Le type d'appartement : Un studio, une pièce (un T1), un deux-pièces (un T2)…, meublé, non meublé.

Les pièces : Il y a une entrée, un séjour, une chambre, une salle de bains, une cuisine.

La surface : L'appartement fait 70 m² (mètres carrés).

L'aménagement : La cuisine est équipée.
Il y a du parquet / de la moquette au sol.
Le chauffage est électrique / au gaz / à l'énergie solaire / individuel / collectif.

Le prix : Le loyer est de 850 euros par mois hors charges / charges comprises.
Les charges sont de 35 euros par mois.

4 Passez à l'action

À louer.

1. **Vous partez un an en stage à l'étranger et vous proposez votre appartement / maison à la location pour des expatriés français. Complétez votre annonce sur le site de Vivastreet.**

vivastreet.fr
Petites annonces GRATUITES*   Passer une annonce gratuite

🏠 Accueil 〉PASSER UNE ANNONCE GRATUITE 〉

Catégorie   [Location   ▼]

○ Maison/Villa   ○ Location meublée
○ Appartement   ○ Colocation
○ Loft/Duplex/Atelier
○ Immeuble

Code postal   [   ]

Titre de l'annonce [   ]

Description   [   ]

Email : *non visible [   ] ou **f Se connecter avec Facebook**
sur votre annone

Téléphone   [   ]

Publiez votre annonce

Cherche appartement à louer.

2. **Vous allez vivre 6 mois à Montpellier. Vous cherchez un deux-pièces meublé. Vous allez dans une agence immobilière. Un agent immobilier vous fait des propositions. Vous réagissez à ses propositions en fonction de vos goûts et de votre budget. L'agent immobilier vous propose deux appartements (petites annonces ci-contre).**

LOCATION MEUBLÉ 2 pièces – Montpellier (quartier gare)

Joli 2 pièces meublé bien aménagé. Séjour 20 m² très clair et calme. Cuisine équipée. Beaucoup de charme. 3ᵉ étage. Cave – Parking.

Loyer : 710 euros + charges

LOCATION MEUBLÉ 2 pièces – Montpellier (proximité mer)

6ᵉ étage avec ascenseur dans immeuble de standing. Vue splendide. 2 pièces meublé, séjour mobilier moderne, cuisine américaine, grande salle de bains. Grand balcon. Excellent état. Garage.

Loyer : 830 euros charges comprises

D Votre avis compte

A B C D E F G H I J K L M N O P Q R S T U V W X Y Z 9 0

Avis Lazando

Il y a actuellement 5 avis de consommateurs.

Trier par :   Pertinence   ▲▼

3 ◀💬▶ 0   Note : ★ ★ ☆ ☆ ☆
Isabelle
09/03

J'ai lu sur un forum des avis positifs sur Lazando alors hier, je suis allée sur le site et je suis tombée sur une très jolie veste en coton pas chère. J'ai passé une commande. J'attends mon colis avec impatience !

4 ◀💬▶ 5   Note : ☆ ☆ ☆ ☆ ☆
Plouf
24/02

J'ai eu une mauvaise surprise. J'ai commandé un sac et une ceinture le 15/02 mais je n'ai pas reçu ma commande. J'ai envoyé un mail au service après-vente mais ils n'ont pas répondu. N'achetez pas sur ce site !

2 ◀💬▶ 1   Note : ★ ★ ★ ☆ ☆
Myrtille
15/02

La semaine dernière, ma mère a commandé une jupe chez Lazando. Elle a bien reçu sa commande mais pas à la bonne taille (ma mère fait du 42 et elle a reçu une jupe en 38 !). Elle a téléphoné au service clientèle. Ils ont proposé de faire un échange ou un remboursement alors elle va renvoyer la jupe. Ils ont été très réactifs.

3 ◀💬▶ 0   Note : ★ ★ ★ ★ ★
Bene
03/02

J'adore Lazando ! Ils ont beaucoup de modèles de vêtements et de chaussures de marque. Vous êtes sûrs de trouver la bonne taille ou pointure et la bonne couleur. Et puis, en général, on peut trouver des vêtements originaux et pas chers. J'ai déjà commandé 2 robes et un pantalon. Je suis satisfaite et je recommande ce site.

0 ◀💬▶ 0   Note : ★ ★ ★ ★ ☆
Dournon
29/01

Ma femme et moi, nous achetons beaucoup sur ce site. Le mois dernier, nous avons profité des soldes et nous avons acheté des bottes en cuir et des chaussures de sport. La livraison est arrivée dans les délais et les articles sont de bonne qualité.

2 Réagissez

1. Retrouvez quel internaute a acheté ces articles.

1.   2.   3.   4.   5.   6.

2. Vous travaillez au service clientèle de Lazando. Classez les avis (avis positifs / avis négatifs) et trouvez les justifications dans les avis de consommateurs.

3 Retenez

Pour rapporter des actions passées :
J'**ai lu** des avis positifs.
Hier, je **suis allée** sur le site.
Ma mère **a commandé** une jupe.
Ils **ont proposé** de faire un échange.
Le mois dernier, nous **avons acheté** des bottes.
La livraison **est arrivée** dans les délais.

Les vêtements et les accessoires :
des accessoires (des ceintures, des foulards, des sacs) •
un caleçon • des chaussettes, des collants • une chemise,
un chemisier • un costume • une cravate • une jupe •
la lingerie • un maillot de bain • un manteau, une veste,
un blouson • un pantalon, un short, un bermuda •
un pull, un polo • un pyjama, une nuisette • une robe

Les achats (en ligne) :
une commande / commander
un colis
un échange / échanger
une livraison / livrer
un remboursement / rembourser
le service clientèle
des soldes

Les indicateurs de temps du passé :
Pour situer un événement dans le temps.
l'année   l'an
         dernière   le mois   dernier
la semaine   lundi, mardi…
hier matin / après-midi / soir…

4 Passez à l'action

Une réclamation.

1. a) **Vous avez passé une commande sur un site (objet électronique, vêtement, chaussures, livre, etc.). Il y a un problème. Téléphonez au service après-vente.**

Vous
– Vous parlez de votre commande et vous indiquez la date.
– Vous décrivez votre commande / vos articles.
– Vous indiquez le problème.

L'employé(e) du service après-vente
– Il / Elle demande des précisions sur votre commande.
– Il / Elle propose une solution (échange, remboursement…).

b) **Écrivez votre avis pour le site en ligne de la boutique.**

J'ai trouvé !

2. **Vous allez partir vivre dans une autre ville de votre pays. Pendant un mois, vous avez cherché un appartement / une maison et vous avez enfin trouvé. Vous rédigez un mail à un(e) ami(e) francophone pour donner de vos nouvelles. Vous expliquez vos projets et vous racontez comment vous avez trouvé votre appartement. Vous décrivez votre nouvel appartement.**

OUTILS LINGUISTIQUES

1 Les pronoms complément d'objet direct (COD) *LE / LA / LES*

Pour éviter les répétitions.

Vous avez **la carte**, s'il vous plaît ? ➡ Oui, je l'**apporte** tout de suite. = J'apporte **la carte** tout de suite.
Le **saumon** grillé pour moi. ➡ Et vous **le** voulez avec quelle garniture ? = Vous voulez **le / votre saumon** avec quelle garniture ?
Pour éviter de répéter un nom (de personne ou de chose) précédé d'un article défini (*le, la, l', les*), d'un adjectif possessif (*mon, votre, leur* etc.) ou d'un adjectif démonstratif (*ce, cet, cette, ces*), on utilise des pronoms personnels COD (complément d'objet direct) : *Le* pour remplacer un nom masculin singulier, *la* pour remplacer un nom féminin singulier, *l'* pour remplacer un nom masculin ou féminin singulier quand le verbe commence par une voyelle, *les* pour remplacer un nom pluriel (masculin ou féminin).

⚠ Observez la place du pronom : Je l'**apporte** tout de suite. ➡ Je **vais** l'**apporter** tout de suite.
  ➡ Je <u>ne</u> l'**apporte** <u>pas</u> tout de suite. **Apporte-le !** ➡ <u>Ne</u> l'**apporte** <u>pas</u> !

2 Les pronoms interrogatifs *QU'EST-CE QUE… ? / QUE… ? / QUOI… ?*

Pour demander une explication / un choix.

La ratatouille c'est **quoi** ? / **Qu'est-ce que** vous voulez boire ?

Qu'est-ce que vous voulez boire ? Qu'est-ce que c'est ?	Vous voulez boire quoi ? C'est quoi ?	Que voulez-vous boire ? Qu'est-ce ?
Forme standard : Qu'est-ce que + sujet + verbe… ?	**Forme familière :** Sujet + verbe … + quoi ?	**Forme formelle :** Que + verbe-sujet … ?

⚠ Ne pas confondre *quel* et *qu'est-ce que*… ?
  Quel plat choisissez-vous / vous choisissez / est-ce que vous choisissez ?
  Mais : *Qu'est-ce que vous choisissez comme plat ?*

3 Les adjectifs et les pronoms démonstratifs

Pour présenter / montrer / indiquer.

	Adjectifs (avec le nom)	Pronoms (à la place du nom)
Masculin singulier	**ce** paquet / **cet** assortiment	**celui-ci / celui-là**
Féminin singulier	**cette** vendeuse	**celle-ci / celle-là**
Masculin pluriel	**ces** chocolats	**ceux-ci / ceux-là**
Féminin pluriel	**ces** chaussures	**celles-ci / celles-là**

⚠ 1. Devant *a, e, i, o, u* et *h* : *cet* remplace *ce*.
  2. On peut aussi utiliser les pronoms *ceci* ou *cela* (le genre et le nombre ne sont pas précisés).
  Et avec ceci ? / Cela vous va bien.

4 Les pronoms interrogatifs *LEQUEL / LAQUELLE / LESQUEL(LE)S*

Pour connaître le choix.

Le client : Bonjour madame, je voudrais **des chocolats**.
La vendeuse : **Lesquels** voulez-vous ? (= **Quels chocolats** vous voulez ?)

	Masculin	Féminin
Singulier	**Lequel** voulez-vous ? / Vous voulez **lequel** ?	**Laquelle** voulez-vous ? / Vous voulez **laquelle** ?
Pluriel	**Lesquels** voulez-vous ? / Vous voulez **lesquels** ?	**Lesquelles** voulez-vous ? / Vous voulez **lesquelles** ?

5 Les comparatifs

Pour comparer.

	+	=	–
Avec un nom	Cette boutique offre **plus de** choix **que** la boutique en ligne.	Cette boutique offre **autant de** choix **que** la boutique en ligne.	Cette boutique offre **moins de** choix **que** la boutique en ligne.
Avec un adjectif	Le chocolat au lait est **plus** sucré **que** le chocolat noir.	Le chocolat blanc est **aussi** sucré **que** le chocolat au lait.	Le chocolat noir est **moins** sucré **que** le chocolat blanc.
Avec un verbe	La vendeuse parle **plus que** la cliente.	La vendeuse parle **autant que** la cliente.	La vendeuse parle **moins que** la cliente.

6 Le passé composé

Pour rapporter des événements passés.

J'**ai lu** des avis positifs.   Ils **ont proposé** de faire un échange.
Hier, je **suis allée** sur le site.   La commande **est arrivée** dans les délais.

J'		ai	lu	des avis positifs.
Ils		ont	proposé	un échange.
Avoir **au présent + participe passé**				
Je		suis	allée	sur le site.
La commande		est	arrivée	dans les délais.
Être **au présent + participe passé**				

Pour conjuguer : *être* ou *avoir* au présent + participe passé du verbe principal
La majorité des verbes se conjuguent avec *avoir*.

⚠ 1. Les verbes suivants se conjuguent avec *être* : *aller, arriver, devenir, entrer, mourir, (re)naître, (re)partir, tomber, rester, (re)venir* + tous les verbes pronominaux
Les verbes suivants se conjuguent avec *être* ou *avoir* : *(re)descendre, rentrer, (re)monter, (re)passer, retourner, (res)sortir*

⚠ 2. Avec *être*, le participe passé s'accorde toujours avec le sujet : *La commande est arrivée.*

La formation du participe passé.

Verbes en **–ER**	Verbes en **–IR**	Autres verbes		
Travailler ➜ travaill**é**	Partir ➜ part**i**	Boire ➜ b**u**	Voir ➜ v**u**	Écrire ➜ écri**t**
Rencontrer ➜ rencontr**é**	Choisir ➜ chois**i**	Vouloir ➜ voul**u**	Lire ➜ l**u**	Mettre ➜ **mis**
Aller ➜ all**é**	Venir ➜ ven**u**	Pouvoir ➜ p**u**	Faire ➜ fai**t**	Prendre ➜ **pris**

PRONONCEZ 🔘 Mes audios ▸ 45-46

1. Le son [e]
A. Écoutez et répétez les phrases.
a. Voici l'agent immobil**ier**.
b. La cuisine est équip**ée**.
c. Vous voul**ez** visit**er** ?
d. Voilà votre cl**é**.
e. Vous all**ez** pay**er** le loy**er**.

B. Comment s'écrit le son [e] ?

2. Discrimination [e] et [ɛ]
A. Écoutez et cochez la phrase entendue.

	Aujourd'hui		Hier	
a.	Je mange.		J'ai mangé.	
b.	Je prépare.		J'ai préparé.	
c.	Je visite.		J'ai visité.	
d.	Je travaille.		J'ai travaillé.	
e.	J'écoute.		J'ai écouté.	
f.	Je parle.		J'ai parlé.	
g.	Je regarde.		J'ai regardé.	

B. Répétez chaque phrase au présent puis au passé composé.

ENTRAÎNEZ-VOUS

1. Relations professionnelles
Complétez chaque opinion avec le pronom *le*, *la*, *l'* ou *les*.

1. Mon patron, je … admire.
2. Mes collaborateurs, je … respecte.
3. Ma collègue, je … aide parfois.
4. Ma directrice, je … trouve exceptionnelle.
5. Mes clients, je ne … invite pas chez moi.

6. Mes collègues, je … sollicite parfois.
7. Mon directeur, je ne … connais pas bien.
8. Mon chef, je ne … vois pas tous les jours.
9. Mon assistante, je … remercie souvent.
10. Mon travail, je … apprécie beaucoup.

2. Il faut choisir !
Complétez les mini-dialogues avec des pronoms démonstratifs ou interrogatifs.

1. – J'aime bien ces chaussures.
   – … ?
   – …, à droite !
   – Ah oui. Elles sont jolies !

2. – Je voudrais acheter une ceinture, s'il vous plaît.
   – … voulez-vous ?
   – Je préfère … .

3. – Donne-moi les gants !
   – … ? … ou … ?
   – Les bleus.

4. – Il y a deux modèles. … tu as choisi ?
   – … .
   – Ah oui ! Il est bien.

3. Étude comparative
Vous voulez acheter un ordinateur portable. Comparez les appareils.

Panty H200 — 1020 € — Écran 17,5 cm — Poids 1,300 kg — Mémoire 256 Mo

Soniac M96 — 999 € — Écran 14,7 cm — Poids 1,520 kg — Mémoire 512 Mo

Vimax 420G — 790 € — Écran 14,7 cm — Poids 1,300 kg — Mémoire 256 Mo

4. Retour de mission
Conjuguez les verbes du dialogue au passé composé.

Jean : Ah Nicolas ! Comment vas-tu ?

Nicolas : Très bien, merci ! Je / J' … (aller) en Chine pour notre nouveau projet de construction d'une usine là-bas.

Jean : Et tu … (partir) combien de temps ?

Nicolas : Juste trois jours !

Jean : Comment ça s'est passé ?

Nicolas : Je / J' … (arriver) à Shanghai lundi matin et je / j' … (rencontrer) le chef de projet chinois dans la matinée. L'après-midi, je / j' … (visiter) une usine avec lui.

Jean : Et tu … (rencontrer) les ingénieurs chinois ?

Nicolas : Oui, lundi soir, je / j' … (dîner) avec eux et nous … (avoir) une réunion de travail mardi matin.

Jean : Est-ce que tu … (pouvoir) aller sur le site ?

Nicolas : Oui, le troisième jour. Je / J' … (voir) l'emplacement de notre future usine. C'est un endroit exceptionnel et je / J' … (prendre) beaucoup de photos. Mercredi soir, je / j' … (déjeuner) avec tous les partenaires et nous … (discuter) du contrat. Nous … (prendre) la décision de commencer les travaux en septembre prochain.

Jean : Eh bien, bravo pour ton efficacité !

TESTEZ-VOUS

1. bonresto.com

Vous séjournez en France et vous cherchez un restaurant.
Vous lisez la présentation des restaurants sur un site spécialisé.

Fiche	Promotions	Menus et Brunch	Avis	Plan	Photos	Infos pratiques

(a) Le bistrot des copains	(b) La brasserie des Lilas	(c) La villa Eugénie	(d) La Marée	(e) L'auberge des pins	(f) Le clos Basque
Situé à 5 min. du centre ville, vous pourrez découvrir la nouvelle cuisine française à petits prix. Des plats excellents mais l'accueil n'est pas aussi bien que la cuisine.	Les recettes de nos grands-mères sont à l'honneur : blanquette de veau et bœuf bourguignon. Accueil chaleureux. Menu à 19 €. Fermé le dimanche et le lundi.	Le patron a travaillé chez de nombreux grands chefs. Une vue magnifique sur la mer. Une cuisine gastronomique mais une addition élevée. Le chef propose aussi des cours de cuisine.	Brigitte vous accueille pour vous régaler des produits de la mer. Ouvert jusqu'à 1 h du matin.	Une bonne adresse située à 40 km de Toulouse. Au menu, une cuisine française à base de produits frais. Fermé du 1er novembre au 30 avril.	propose un menu du midi à 15 € avec une entrée et un plat ou un plat et un dessert, boisson comprise. Attention : le restaurant est souvent complet. N'oubliez pas de réserver.

Notez le numéro du restaurant pour chaque énoncé :

1. Dans ce restaurant, on peut apprendre à faire des plats. → n° …
2. L'accueil est mauvais. → n° …
3. Vous pouvez déjeuner et voir la mer. → n° …
4. Vous pouvez dîner à minuit. → n° …
5. Ce restaurant est fermé six mois de l'année. → n° …
6. Le prix de la boisson est inclus dans le menu. → n° …
7. On vient pour les spécialités de poissons. → n° …
8. On ne peut pas réserver une table le dimanche pour dîner. → n° …
9. Ce restaurant est situé loin de la ville. → n° …
10. Les prix sont chers. → n° …

2. Question de choix Mes audios ▸ 47-48-49-50

Écoutez ces quatre conversations puis choisissez la bonne réponse.

1. Au téléphone
La cliente réserve une table pour :
a. 2 personnes.
b. le déjeuner du lundi.
c. le dîner du mardi soir.

2. Dans un magasin
Le client :
a. fait du 42.
b. essaie le modèle original.
c. achète la chemise classique.

3. Dans une agence immobilière
L'agent immobilier propose :
a. un deux-pièces de 45 m² avec vue sur la mer.
b. un deux-pièces de 55 m² en centre-ville.
c. un deux-pièces de 45 m² à côté de la gare.

4. Au service après-vente
La cliente :
a. passe une commande en ligne.
b. annule une partie de la commande.
c. demande un échange.

 **Mon portfolio** ▸ Unité 6

Repères culturels

Les Français **à table**

1. Des touristes francophones vous posent des questions sur la cuisine de votre pays. Répondez à leurs questions.

> Quelles sont les spécialités de votre pays ? Quelle est leur composition ?
>
> Quels plats conseillez-vous à des Français en visite dans votre pays ?
>
> Est-ce qu'il y a des restaurants français dans votre ville ? Quels plats servent-ils ?

2. Lisez cet extrait d'un guide touristique et répondez aux questions ci-après.

En France, la cuisine est un art et les Français aiment manger d'excellents plats bien présentés, accompagnés de bons vins et servis sur une jolie table.

Le 16 novembre 2010, le « repas gastronomique des Français » a fait son entrée dans le patrimoine culturel immatériel de l'humanité (classement Unesco).

Les Français aiment aller au restaurant avec leurs proches, leurs amis ou leurs collègues pour passer un bon moment ou pour fêter un événement.

Les différents types de restaurants en France

Les cafés : ils sont ouverts toute la journée et offrent un grand choix de boissons chaudes et fraîches et des plats simples comme des croque-monsieur, des sandwichs, des salades.

Les bistrots : ils proposent des repas simples. Il y a souvent un menu du jour à un prix bas et le service est rapide.
Les clients des **cafés** et des **bistrots** sont souvent les employés des bureaux à proximité ou les habitants du quartier.

Les brasseries : elles sont plus grandes que les bistrots, les prix sont plus chers et la carte plus importante avec des plats traditionnels français. Les serveurs ou « garçons » sont habillés avec un pantalon noir et un grand tablier blanc.

Les bars : ce sont des lieux à la mode pour retrouver des amis pour boire un verre, manger et parfois écouter de la musique. Dans les grandes villes, les bars sont ouverts tard dans la nuit.

Les restaurants : ils offrent un bon service et une cuisine variée. Les restaurants **gastronomiques** servent une excellente cuisine française. Ils proposent des plats sophistiqués avec des noms parfois difficiles à comprendre.

⚠ **L'addition** : en France, on ne paye pas le couvert et le pain. Le service est compris mais on peut laisser un **pourboire**. Ce n'est pas une obligation.

 D'après les descriptions, quel type de restaurant peut correspondre à votre façon de vivre, vos goûts ? Pourquoi ?

 Quels sont les différents types de restaurants dans votre pays ?

À chaque **métier** son **style**

1. Préparez une courte présentation des différentes manières de s'habiller au travail dans votre pays. Vous pouvez utiliser les questions suivantes pour vous aider.

↘ **Comment vous habillez-vous pour aller au travail ?**

↘ **Et sur votre lieu de travail, comment s'habillent vos collègues ?**

↘ **Dans votre pays, est-ce que la façon de s'habiller dépend de la profession ou du secteur d'activité de l'entreprise, du degré de hiérarchie ?**

2. Lisez le texte.

En France, le style de vêtements portés au travail dépend du secteur d'activité, de la fonction ou du statut des personnes et de la culture d'entreprise.

Les personnes portent des tenues plus décontractées et « branchées » dans la publicité, la mode et les métiers artistiques. Les vêtements sont plus classiques (costume avec ou sans cravate pour les hommes, robe ou tailleur jupe ou pantalon pour les femmes) dans les secteurs de la finance, des assurances, du conseil, etc.

En règle générale, si la fonction nécessite un contact avec des clients ou des partenaires, les personnes s'habillent de manière classique.

3. Lisez les témoignages de ces 4 personnes qui travaillent dans une maison d'édition et retrouvez leur photo respective. Justifiez vos réponses.

François Beeusaert,
Directeur éditorial

« J'ai des contacts avec des gens très différents dans la journée alors je porte un costume et une chemise mais j'ai toujours une cravate dans mon bureau. Je la mets pour rencontrer des personnes importantes ou pour un déjeuner d'affaires. »

 1.

 2.

 3.

Marion Lefèvre,
Responsable de projet éditorial

« Je travaille au bureau. Je ne rencontre pas de clients mais parfois j'ai des réunions avec les auteurs de livres. Je m'habille comme je veux. »

Laure Menand,
Directrice commerciale

« C'est jupe ou pantalon et veste obligatoire pour aller voir les clients ou faire des présentations dans les salons. Je suis souvent en déplacement à l'étranger alors je porte toujours des vêtements confortables, jean et polo pour voyager. »

 4.

5.

6.

Marc Nouvel,
Graphiste

« Je choisis toujours des tenues décontractées et confortables. J'aime bien être original. C'est mon style. »

 Mes docs ▸
Les vêtements de travail

SCÉNARIO PROFESSIONNEL

Un de vos collègues ne parle pas français et doit partir 10 jours en voyage d'affaires en France. Il doit aller dans trois villes françaises (Paris, Strasbourg et Marseille). Vous allez l'aider à préparer ce voyage.

ÉTAPE 1 ▶ PLANNING DU DÉPLACEMENT

⟩ **1** Regardez une carte de France et repérez les 3 villes de destination du voyage d'affaires de votre collègue. ◉ **Ma carte de France**

⟩ **2** Fixez la date du voyage d'affaires. Vérifiez le calendrier des jours fériés en France puis faites le planning de déplacement de votre collègue. ◉ **Mes docs.**

⟩ **3** Allez sur Internet et trouvez un hôtel dans chaque ville. Complétez la fiche de réservation sur le site Internet de chaque hôtel.

ÉTAPE 2 ▶ CHOIX DU TRANSPORT

⟩ **1** Choisissez les moyens de transport adaptés à chaque déplacement de votre collègue. Puis allez sur les sites Internet des compagnies de transport (SNCF pour le train, Air France pour l'avion) et complétez les fiches de réservation pour les billets en France (train ou avion).

⟩ **2** Écrivez un courriel aux collaborateurs en France pour communiquer le planning et les horaires de train et d'avion de votre collègue.

ÉTAPE 3 ▸ DÉJEUNER D'AFFAIRES

〉 **1** À Paris, votre collègue veut inviter des clients à un déjeuner d'affaires. Allez sur un site de présentation de restaurants (ex. : www.lafourchette.com). Choisissez un restaurant et un menu. Votre collègue ne peut pas manger de poisson et de fruits de mer et il n'aime pas les gâteaux. Notez sur une feuille le nom des plats qu'il ne peut pas prendre.

〉 **2** Rédigez l'invitation par mail à ce déjeuner d'affaires.

ÉTAPE 4 ▸ BAGAGES

〉 Pour le pressing dans les hôtels, votre collègue a besoin de connaître le nom des vêtements en français. Préparez une liste de mots de vocabulaire utiles (choisissez les vêtements en fonction de la saison du déplacement en France).

ÉTAPE 5 ▸ ACCUEIL

〉 C'est un de vos amis français qui va accueillir votre collègue à l'aéroport à Paris. Envoyez un texto à votre ami pour indiquer le nom de l'aéroport, la date et l'heure d'arrivée, le nom de la compagnie, le nom de votre collègue.

Présentez une entreprise !

A1

> ### Pour être **capable**

> ❭ de parler d'une entreprise et de son organisation
> ❭ de comprendre et de donner des explications simples sur un processus de fabrication
> ❭ de comprendre et de rédiger un règlement simple

> ### Vous allez **apprendre à**

> ❭ décrire une entreprise : historique, situation, organisation, activité
> ❭ donner des chiffres-clés
> ❭ décrire des qualités personnelles et professionnelles
> ❭ indiquer la composition d'un produit
> ❭ décrire un processus simple et la chronologie des actions
> ❭ indiquer une durée
> ❭ exprimer l'obligation et l'interdiction dans un règlement
> ❭ préciser une exception ou un cas particulier dans un règlement

> ### Vous allez **utiliser**

> ❭ le présentatif *c'est*
> ❭ l'adverbe *très*
> ❭ le pronom personnel indéfini *on*
> ❭ les pronoms relatifs simples *qui / que*
> ❭ la forme active et la forme passive (sensibilisation)
> ❭ les verbes *produire, construire, vendre, mettre, tenir*

⚠ **Pensez à consulter** ⊕ Mon lexique

A Quelle est votre activité ?

1 Écoutez

○ Mes audios ▸ 51

La journaliste :	Bonjour et bienvenue dans notre émission sur les petites et moyennes entreprises. Aujourd'hui, nous recevons Jean-Marc Tissot, directeur général de la société La Provençale. Jean-Marc Tissot, bonjour !
Jean-Marc Tissot :	Bonjour !
La journaliste :	Tout d'abord, quel est l'historique de votre société ?
Jean-Marc Tissot :	La société La Provençale a été créée en 1963 par mon grand-père. En 1988, elle a rejoint le groupe Auréa, leader européen dans le domaine des produits d'hygiène.
La journaliste :	Et quelle est votre activité ?
Jean-Marc Tissot :	Nous produisons et vendons des savons, des crèmes pour le corps, des gels pour le bain et la douche et des shampoings. Nous avons une gamme de 450 produits.
La journaliste :	Qui sont vos clients ?
Jean-Marc Tissot :	Nous touchons plusieurs secteurs d'activité. Le commerce avec les parfumeries, les pharmacies, les hôtels, les coiffeurs et les salons de beauté mais aussi les entreprises et les hôpitaux. Nous exportons nos produits dans le monde entier. Nous avons plus de 6 000 clients.
La journaliste :	Où est située votre usine ?
Jean-Marc Tissot :	Dans le sud-est de la France, en Provence et notre siège social se trouve à Nice.
La journaliste :	Quelle est la taille de votre entreprise ?
Jean-Marc Tissot :	La Provençale est une PME. Nous employons 243 personnes et nous avons un chiffre d'affaires annuel de 47 millions d'euros.
La journaliste :	Intéressant…

2 Réagissez

Complétez la fiche d'identité de l'entreprise.

Nom de l'entreprise : ⟨⟩
Directeur général : ⟨⟩
Date de création : ⟨⟩
Siège social : ⟨⟩
Lieu d'implantation de l'usine : ⟨⟩
Activité de l'entreprise : ⟨⟩
Nombre d'employés : ⟨⟩
Chiffre d'affaires annuel : ⟨⟩

3 Retenez

Pour indiquer la catégorie de l'entreprise :
La Provençale est **une PME***.
La Provençale est **une entreprise familiale.**
            fait partie du groupe…
                                *petite et moyenne entreprise

Pour présenter l'historique d'une entreprise :
L'entreprise **a été créée par** (+ *nom du / des fondateurs*) **en** (+ *année*).
La société **a rejoint le groupe**… en (+ *année*).

Pour situer géographiquement une entreprise :

La société L'entreprise L'usine Le site Le siège social	**se trouve** **est situé(e)** **est implanté(e)**	**à** + *nom de ville.* **en** + *nom de région au féminin.* **dans** + **le / l'** + *nom de région au masculin.* + *points cardinaux.*

Les points cardinaux

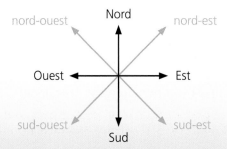

nord-ouest — Nord — nord-est
Ouest ← → Est
sud-ouest — Sud — sud-est

Pour parler de l'activité :
Nous **produisons / fabriquons / construisons / créons** des…
Nous **exportons / commercialisons / vendons / développons**… des…
Nous sommes **le (les) leader(s)** (dans le domaine) **du / de la / de l' / des**…

Pour donner des chiffres-clés :
Nous **employons** 243 personnes / salariés.
Le chiffre d'affaires annuel est de … millions d'euros.
Nous avons **une gamme de** 450 produits.

LES COMMERCES		**LES COMMERÇANTS**	
une boucherie	une pâtisserie	un(e) boucher(ère)	un(e) pâtissier(ère)
une boulangerie	une pharmacie	un(e) boulanger(ère)	un(e) pharmacien(ienne)
une charcuterie	une poissonnerie	un(e) charcutier(ère)	un(e) poissonnier(ère)
un fleuriste	un salon de beauté	un(e) fleuriste	un(e) esthéticien(ienne)
une librairie	un salon de coiffure	un(e) libraire	un(e) coiffeur(euse)
une parfumerie		un(e) parfumeur(euse)	

L'hygiène
- un bain
- une brosse à dents / à cheveux
- une crème
- un dentifrice
- un déodorant
- une douche
- un gel
- un peigne
- un savon
- un shampoing

4 Passez à l'action

Je vous présente Boisjoli.

1. **Vous avez un poste important chez Boisjoli et vous avez un entretien avec un(e) journaliste. Lisez la carte d'identité de l'entreprise et répondez à ses questions.**

Nom de l'entreprise : BOISJOLI
Date de création : 1972
Lieu d'implantation de l'entreprise : Jura
Activité : fabrication de jouets en bois
Nombre d'employés : 35
Chiffre d'affaires : 6 millions d'euros

Le / La journaliste vous interroge sur :
– l'historique de l'entreprise ;
– les activités de l'entreprise ;
– la taille de l'entreprise.

Vous :
– indiquez des événements-clés, la catégorie de l'entreprise et sa situation géographique ;
– décrivez les activités principales ;
– donnez des chiffres-clés.

Un salon.

2. **Votre entreprise va participer à un salon en France. Rédigez un petit texte pour la présenter dans une brochure que vous allez donner aux visiteurs sur votre stand.**

Mes vidéos ▸ Kiabi, une entreprise française

B Qui fait quoi ?

En réunion avec des partenaires importants

« Bonjour, je m'appelle Loïc Marchandeau. Je suis le directeur général de l'entreprise Socatel. Et voici mes proches collaborateurs :

D'abord, je vous présente Myriam Beauchais. C'est notre directrice commerciale. C'est une femme très expérimentée et très professionnelle. Elle travaille avec un responsable marketing et un responsable de clientèle.

Et voici Yves Demange, directeur de la production. C'est un ingénieur brillant. Actuellement, il est en charge du projet sur notre nouveau procédé de fabrication. Il est secondé dans son travail par un responsable de la qualité et par un responsable des achats.

Je travaille aussi avec Pierre Gomez. C'est un collaborateur très apprécié. Il dirige les ressources humaines et son service compte trois employés.

Paul Makeba est notre directeur administratif et financier. C'est un homme discret mais efficace. Il a sous sa responsabilité un comptable et un aide-comptable.

Mon assistante, c'est Françoise Pinet. C'est une femme exceptionnelle. Elle est très organisée et très patiente avec moi ! »

2 Réagissez

1. Vous êtes chargé(e) de préparer la réunion. Ajoutez les fonctions sur les chevalets.

a. Directeur général   **b.** Assistante de direction   **c.** Directrice commerciale   **d.** Directeur de la production
e. Directeur administratif et financier   **f.** Directeur des ressources humaines

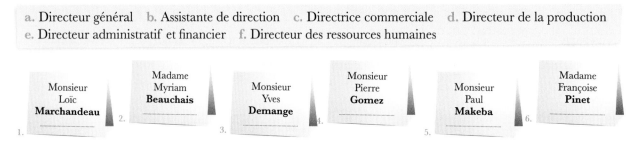

2. Complétez l'organigramme de la société Socatel.

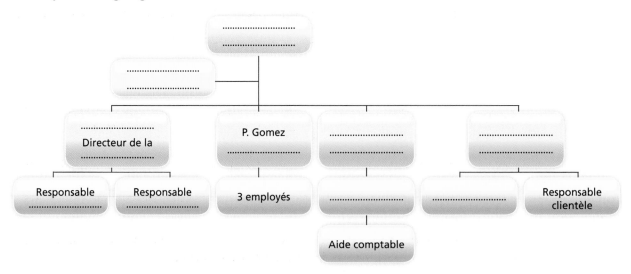

3 Retenez

> **Pour décrire l'organisation d'une entreprise :**
> M. Gomez / Mme Beauchais **dirige** / **est responsable de**…
> Il / Elle **a sous sa responsabilité**…
> Il / Elle **est assisté(e) de**…
> Il / Elle **est en charge de**… / Il / Elle **est chargé(e) de**…

> **Pour décrire des qualités personnelles et professionnelles :**
> C'est une femme **très expérimentée** et **très professionnelle**.
> C'est un ingénieur **brillant**.
> C'est un collaborateur **très apprécié**.
> C'est un homme **discret** mais **efficace**.
> C'est une femme **exceptionnelle**. Elle est **très organisée** et **très patiente** avec moi !

4 Passez à l'action

À la direction commerciale.
1. **Vous travaillez dans l'entreprise Simax. Présentez le service commercial de cette entreprise.**

Directeur commercial : Paul Lalande

Assistante : Yvonne Glize

Responsable des ventes
Éric Jegat

Responsable marketing
Lorine Vo Tran

**Responsable de l'administration
des ventes :** Franck Couvreur

**7 attachés
commerciaux**

Responsable export
Hélène Fy

2 chefs de produits

2 assistantes

L'organigramme de mon entreprise.
2. **Faites l'organigramme du service ou de l'entreprise où vous travaillez (ou d'une entreprise
que vous connaissez). Présentez-le oralement à des partenaires.**

c Secret de fabrication

1 Lisez

Le savon de Marseille

Le savon de Marseille existe depuis 50 ans. Il est composé de 72 % d'huile végétale et de 28 % d'eau.

Voici comment on fabrique ce savon :

- D'abord, on mélange des huiles végétales avec de la soude. Ensuite, ce mélange est chauffé entre 120° et 130°C.
- Après une journée, on enlève l'eau et on rajoute de la soude. On obtient une pâte qu'on fait cuire plusieurs heures.
- Plus tard, cette pâte est lavée pendant 3 ou 4 heures à l'eau salée et on la laisse reposer. Elle durcit un peu. Pour obtenir un savon plus fluide, on rajoute encore de l'eau. Le savon est terminé. On le laisse refroidir puis il est mis dans des bacs.
- Enfin, quand il est solide, on le découpe avec un couteau pour obtenir des petits cubes de savon.

2 Réagissez

Vous êtes chargé(e) d'élaborer une affiche illustrée pour montrer les étapes de fabrication du savon. Mettez les dessins dans l'ordre.

Étape	1	2	3	4	5	6	7
Dessin	…	…	…	…	…	…	…

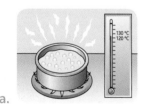

a.

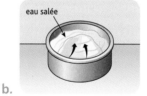

b.

c.

d.

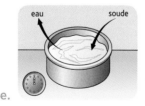

e.

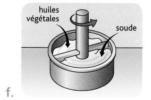

f.

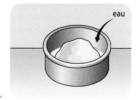

g.

3 Retenez

Pour indiquer la composition d'un produit :
Le savon **se compose de / est composé de**…
Le savon **est fabriqué / fait avec du / de la / de l' / des**…
Le savon **contient des** huiles végétales.

Pour indiquer une durée :
Cette pâte est lavée **pendant 3 ou 4 heures**.
On fait cuire la pâte **plusieurs heures**.

Pour décrire un processus :
On **fait chauffer** / **cuire**…
On **laisse reposer**…
On **ajoute** / **enlève** / **met** / **mélange** / **découpe**…
Le mélange **est chauffé** puis **mis** dans des bacs.

Pour indiquer une chronologie d'actions :
D'abord, on mélange les huiles végétales.
Ensuite, ce mélange est chauffé.
Après une journée, on enlève le liquide.
Plus tard, cette pâte est lavée.
Puis le savon est mis dans des bacs.
Enfin, quand il est solide, on le découpe.

4 Passez à l'action

C'est dans la boîte !

1. **Vous faites visiter une conserverie à des clients francophones. Observez les dessins et décrivez le processus de fabrication des boîtes de conserve de haricots verts. Vous pouvez utiliser les verbes suivants :** *laver, remplir, fermer, stériliser, refroidir.*

1.

2.

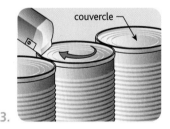

couvercle

3.

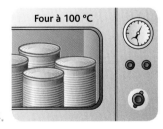

Four à 100 °C

4.

5.

Secret de fabrication.

2. **Vous travaillez dans une usine. Vous êtes chargé de rédiger la fiche technique du procédé de fabrication du produit fabriqué dans cette usine. Choisissez un produit et rédigez la fiche.**

Mes vidéos ▸ Les secrets de fabrication du chocolat Rocher

D C'est écrit !

RÈGLEMENT INTÉRIEUR

HORAIRES ET TEMPS DE TRAVAIL

• Les salariés sont priés de respecter les horaires de travail et les dates de congés payés que la direction fixe. Il est interdit de modifier ces horaires et ces dates sans accord de la Direction.

• En cas d'absence, le salarié doit informer son responsable hiérarchique. Un certificat médical est obligatoire en cas de maladie ou d'accident.

USAGE DES LOCAUX ET DU MATÉRIEL DE L'ENTREPRISE

• Sauf autorisation exceptionnelle, les locaux et le matériel de l'entreprise sont exclusivement réservés aux activités professionnelles. Il est interdit d'emporter à l'extérieur de l'entreprise des objets et produits qui appartiennent à l'entreprise.

• Les salariés doivent conserver en bon état le matériel qu'ils utilisent pour leur travail.

HYGIÈNE ET SÉCURITÉ

• Les visites médicales sont obligatoires.

• Le personnel doit impérativement respecter les consignes de sécurité qui sont affichées dans l'entreprise.

• Il est interdit au personnel de prendre ses repas dans les bureaux.

• Sauf autorisation exceptionnelle, les boissons alcoolisées sont interdites dans les locaux de l'entreprise.

• Il est formellement interdit de fumer dans l'enceinte de l'entreprise.

2 Réagissez

Des collègues vous interrogent sur le règlement. Répondez à leurs questions.

1. Je peux prendre le vidéoprojecteur pour une fête chez moi ce week-end ?

2. Si je suis malade. Qu'est-ce que je dois faire ?

4. Je peux arriver au bureau quand je veux le matin ?

3. Je voudrais apporter du champagne au bureau pour fêter l'anniversaire de Maria. Je dois demander la permission à mon chef ?

5. Moi, je préfère manger un sandwich dans mon bureau. C'est possible, non ?

6. Est-ce que je dois vraiment aller voir le médecin du travail pour un contrôle médical ?

3 Retenez

Pour exprimer l'obligation dans un règlement :
Les salariés **sont priés de** respecter les horaires de travail.
Le personnel **doit** respecter toutes les consignes de sécurité.
Il faut impérativement respecter…
Les visites médicales **sont obligatoires**.

Pour exprimer l'interdiction dans un règlement :
Il est formellement interdit de / Il ne faut pas fumer dans l'enceinte de l'entreprise.
Le personnel **ne peut pas** prendre ses repas dans les bureaux.
Les boissons alcoolisées **sont interdites** dans les locaux de l'entreprise.

Pour indiquer une exception ou un cas particulier dans un règlement :
Sauf autorisation particulière, les locaux et le matériel de l'entreprise sont exclusivement réservés aux activités professionnelles.
Un certificat médical est obligatoire **en cas de** maladie ou d'accident.
En cas d'absence, le salarié doit prévenir son supérieur hiérarchique.

Les personnes de l'entreprise
les salariés   le personnel   les responsables hiérarchiques   la direction

4 Passez à l'action

Il est interdit de...
Choisissez un lieu public (restaurant, hôpital, musée, etc.) et rédigez un règlement pour les visiteurs.

OUTILS LINGUISTIQUES

1 Le présentatif *C'EST*

Pour présenter et décrire une personne.

Je vous présente Myriam Beauchais. **C'est** notre directrice commerciale. **C'est** une femme très expérimentée.
Et voici Yves Demange. **C'est** un ingénieur brillant et **c'est** le directeur de la production.
Mon assistante, **c'est** Françoise Pinet. **C'est** une femme exceptionnelle. **Elle est** très organisée et très patiente avec moi !

C'est notre directrice commerciale. **C'est le** directeur de la production. **C'est une** femme très expérimentée.	Mon assistante, **c'est** Françoise Pinet.
C'est + article ou adjectif possessif + nom	**C'est** + nom / prénom

⚠ ~~Elle est~~ une femme expérimentée. → **C'est** une femme expérimentée.
    Mais : ~~C'est~~ très organisée. → **Elle** est très organisée.

2 L'adverbe *TRÈS*

Pour renforcer une qualité ou un défaut.

Elle est **très** organisée et **très** patiente avec moi !	C'est un collaborateur **très** apprécié.
Sujet + verbe *être* + *très* + adjectif	*C'est un(e)* + nom + *très* + adjectif

⚠ On peut remplacer *très* par *vraiment*.

3 Le pronom personnel indéfini *ON*

Pour ne pas préciser qui fait l'action.

On découpe le savon en petits cubes.	En France, **on** travaille 35 heures par semaine.
On = une ou des personnes non précisées	*On* = les gens / tout le monde

⚠ *On* se conjugue comme *il* et *elle*.
    Quand on ne sait pas qui fait l'action, on peut utiliser *on*.

4 Les pronoms relatifs *QUI / QUE*

Pour apporter des précisions et éviter les répétitions.

Il est interdit d'emporter **des objets qui** appartiennent à l'entreprise. Le personnel doit respecter **les consignes qui** sont affichées dans l'entreprise.	Les salariés doivent respecter **le matériel qu'**ils utilisent pour leur travail. Les salariés doivent respecter **les horaires de travail que** la direction fixe.
QUI – Relie 2 phrases. – Remplace **un sujet** (personne ou chose). – Est généralement placé **devant un verbe**. – Évite les répétitions.	**QUE** – Relie 2 phrases. – Remplace **un complément d'objet direct** (personne ou chose). – Est généralement placé **devant un sujet**. – Évite les répétitions.
→ Il est interdit d'emporter **des objets**, ~~les objets~~ **qui** appartiennent à l'entreprise. → Le personnel doit respecter **les consignes**, ~~les consignes~~ **qui** sont affichées dans l'entreprise.	→ Les salariés doivent respecter **le matériel** **qu'**ils utilisent ~~le matériel~~ pour leur travail. → Les salariés doivent respecter **les horaires de travail** **que** la direction fixe ~~les horaires de travail~~.

⚠ Devant une voyelle, *que* → *qu'* mais *qui* ne change pas.

5 La forme active et la forme passive

Pour indiquer les actions d'un processus.

On lave la pâte. Notre entreprise exporte des savons.	La pâte est lavée. Des savons sont exportés (par notre entreprise).
Le sujet fait l'action : la phrase est active.	**Le sujet ne fait pas l'action : la phrase est passive.**
Sujet du verbe + verbe + COD	Le COD devient le sujet + *être* + participe passé du verbe (+ *par...*) On utilise la préposition **par** si on veut indiquer qui fait l'action.

⚠ Le participe passé du verbe s'accorde avec le sujet.

6 La conjugaison des verbes

PRODUIRE
Je produis
Tu produis
Il / Elle / On produit
Nous produisons
Vous produisez
Ils / Elles produisent

Participe passé : produit

CONSTRUIRE
Je construis
Tu construis
Il / Elle / On construit
Nous construisons
Vous construisez
Ils / Elles construisent

Participe passé : construit

VENDRE
Je vends
Tu vends
Il / Elle / On vend
Nous vendons
Vous vendez
Ils / Elles vendent

Participe passé : vendu

METTRE
Je mets
Tu mets
Il / Elle / On met
Nous mettons
Vous mettez
Ils / Elles mettent

Participe passé : mis

TENIR
Je tiens
Tu tiens
Il / Elle / On tient
Nous tenons
Vous tenez
Ils / Elles tiennent

Participe passé : tenu

➜ Les verbes *obtenir*, *appartenir*, *contenir* se conjuguent comme le verbe *tenir*.

PRONONCEZ   ◎ Mes audios ▸ 53-54

1. [y] **et** [u]
   a. **Écoutez les phrases et cochez le son que vous entendez.**

	a	b	c	d	e	f	g	h
[y]								
[u]								

   b. **Lisez et répétez les phrases (transcription p. 178).**

2. **Le son** [s]
   a. **Écoutez et entourez les syllabes avec le son** [s]**.**
Nous commercialisons des savons. Nos clients sont essentiellement des commerçants, des pharmaciens et des salons de beauté. Ces commerces sont des clients intéressants.

   b. **Lisez le témoignage à haute voix.**

ENTRAÎNEZ-VOUS

1. Une entreprise qui marche
Reliez les phrases avec *qui* ou *que*.

Exemple : La société Somiplast est une petite entreprise. Cette entreprise a été créée en 1970.
→ La société Somiplast est une petite entreprise **qui** a été créée en 1970.

1. Nous fabriquons des boîtes et de la vaisselle jetable. Nous commercialisons nos produits en Europe.
2. Nous avons un marché. Ce marché touche plusieurs secteurs d'activité.
3. Nous avons une gamme de 800 produits. Vous pouvez trouver nos produits dans notre catalogue.
4. Nous avons plus de 5 000 clients. Ils sont très satisfaits de nos produits.
5. Notre usine est implantée dans une zone industrielle. Vous la trouverez facilement.

2. C'est qui « on » ?
On = les gens, *on* = une personne ou *on* = nous ? Cochez la bonne réponse.

	on = les gens	on = une personne	on = nous
1. On a apporté ce paquet pour vous.	☐	☐	☐
2. Notre PDG est satisfait parce qu'on a un bon chiffre d'affaires cette année.	☐	☐	☐
3. En France, on a droit à cinq semaines de congés payés.	☐	☐	☐
4. Voici le processus : on trie les boîtes et on les met dans des cartons.	☐	☐	☐
5. On doit respecter les règles de sécurité dans les entreprises.	☐	☐	☐

3. Comment fait-on ?
Expliquez le processus de fabrication du jus d'orange. Utilisez la forme passive.

1. On presse les oranges.
2. On mélange le jus d'orange concentré avec du sucre et de l'eau.
3. On nettoie les bouteilles dans des machines spéciales.
4. On met le jus d'orange en bouteilles.
5. On met les bouteilles dans des cartons.
6. On livre les cartons chez les distributeurs.
7. On vend les bouteilles de jus d'orange.

4. Ma petite entreprise
Conjuguez correctement les verbes entre parenthèses au présent ou au passé composé.

Je (produire) … des bijoux que je (vendre) … sur Internet. Mes bijoux sont très simples et ne (contenir) … pas de métal. La semaine dernière, je (mettre) … de nouveaux modèles sur mon site. Mes bagues (obtenir) … beaucoup de succès et je (vendre) … aussi des colliers. La concurrence est forte sur Internet parce que les personnes qui (vendre) … des bijoux artisanaux sont nombreuses mais je suis confiante !

TESTEZ-VOUS

1. Histoire d'un succès

Lisez l'article suivant puis cochez la ou les bonne(s) réponse(s).

Les espadrilles sont des chaussures d'origine basque, une région du sud-ouest de la France. Nées en 1890, ces chaussures traditionnelles sont aujourd'hui de nouveau à la mode parce que deux amis, Mathieu Labat et Julien Maisonnave, âgés de 36 et 37 ans, ont eu l'idée de créer des modèles modernes.

Une dizaine de personnes travaillent avec eux dans de très vieux locaux. Pour fabriquer les chaussures, elles utilisent des tissus colorés. Dans une grande salle, les stocks de marchandises montrent que les commandes sont nombreuses. Les deux jeunes sont d'origine basque. Mathieu Labat a fait des études de droit et a travaillé dans le monde du sport et Julien Maisonnave a étudié les sciences politiques puis a trouvé un emploi dans la banque. En 2007, ils ont décidé de s'associer et ont imaginé leurs premiers modèles d'espadrilles.

Mathieu Labat raconte : « Nous avons commencé à vendre nos espadrilles sur les marchés. L'été, il y a beaucoup de Parisiens qui viennent en vacances et qui aiment la mode. Nos créations originales ont beaucoup plu. Plus tard, dans un salon à Florence en Italie, nous avons rencontré le directeur d'une chaîne de magasins asiatiques. Il a trouvé le produit exceptionnel et a passé commande. »

En un an, les ventes en Asie ont explosé ; 65 % de la production est exportée. La clientèle asiatique est prête à payer plus cher un produit « made in France ». On trouve ces produits à Hong-Kong, au Japon et à Taïwan et le chiffre d'affaires est passé de 350 000 euros à 600 000 euros en 5 ans.

1. Mathieu Labat et Julien Maisonnave :
a. ☐ vendent des chaussures anciennes pour les collectionneurs.
b. ☐ fabriquent des tissus pour la création des chaussures.
c. ☐ créent des chaussures à partir des modèles traditionnels.

2. Les deux jeunes entrepreneurs :
a. ☐ ont voulu travailler ensemble.
b. ☐ ont fait leurs études dans la même école.
c. ☐ se sont rencontrés dans une banque.

3. Au début, ils ont fait connaître leurs produits :
a. ☐ dans un salon.
b. ☐ sur un marché.
c. ☐ dans un magasin.

4. Aujourd'hui, leurs produits sont fabriqués :
a. ☐ en France.
b. ☐ en Italie.
c. ☐ en Chine.

5. Les résultats sont positifs parce que :
a. ☐ toute la production est exportée.
b. ☐ le chiffre d'affaires a augmenté.
c. ☐ les entrepreneurs ont ouvert de nouveaux magasins en Europe.

2. Des entrepreneurs racontent ⊙ Mes audios ▸ 55

Écoutez ces entrepreneurs qui parlent de leur société. Cochez la bonne réponse.

1. Qui dirige l'entreprise ?
a. ☐ Le père.
b. ☐ La fille.
c. ☐ Le groupe Mobuiso.

2. Quel est le nombre d'employés de l'entreprise ?
a. ☐ 1980.
b. ☐ 920.
c. ☐ 90.

3. Où est située l'entreprise ?
a. ☐ En Côte d'Ivoire.
b. ☐ En Belgique.
c. ☐ En France.

4. Quelle est l'activité de l'entreprise ?
a. ☐ La fabrication de cadeaux d'entreprise.
b. ☐ La vente de cadeaux d'entreprise.
c. ☐ L'achat de cadeaux de naissance.

⊙ **Mon portfolio** ▸ Unité 7

Repères culturels

L'entreprise en France

1. Lisez le document.

LES TYPES D'ENTREPRISES FRANÇAISES

Pour mesurer la taille d'une entreprise, on utilise souvent deux critères : **le chiffre d'affaires** (le montant total des ventes) et le nombre d'employés (**l'effectif**).

> Les **TPE** : les **t**rès **p**etites **e**ntreprises (entreprises individuelles, artisans, commerçants, entreprises familiales) ont moins de 20 employés.

> Les **PME** : **p**etites et **m**oyennes **e**ntreprises
> – Les petites entreprises ont moins de 50 employés.
> – Les entreprises moyennes ont de 50 à 249 employés.

> Les **grandes entreprises** ont plus de 250 employés.

En France, la plupart des entreprises sont des petites entreprises.

Une grande entreprise est organisée en **directions** et **services**. Son adresse principale est appelée **siège social**. Les ouvriers, les employés, les cadres et les cadres dirigeants sont tous des **salariés** de l'entreprise. Dans certains cas, on utilise des mots différents pour désigner une entreprise :
– une **compagnie** aérienne, maritime, de chemin de fer, d'assurances...
– une **agence** de voyage, immobilière, de publicité.
– une **société** est une forme juridique d'entreprise.
– les grands **groupes** sont composés d'une **société mère** et de **filiales**.

On peut aussi choisir une **profession libérale** (avocat, médecin, architecte...).

2. Cochez la bonne réponse.

Quiz de l'entreprise	Vrai	Faux
1 Le chiffre d'affaires, c'est le nombre d'employés.	☐	☐
2 Les entreprises moyennes peuvent avoir 300 employés.	☐	☐
3 Il y a beaucoup de petites entreprises en France.	☐	☐
4 Le siège social est l'organisation de l'entreprise.	☐	☐
5 Un ouvrier est un salarié.	☐	☐
6 Un grand groupe peut avoir des filiales.	☐	☐
7 On parle d'agence aérienne.	☐	☐
8 Un cadre exerce une profession libérale.	☐	☐

↘ **Dans quel type d'entreprise travaillez-vous ?**
Préférez-vous travailler dans une grande entreprise ou dans une PME ?

↘ **Et dans votre pays, quelle est la taille moyenne des entreprises ?**

↘ **Quelle est la proportion d'entreprises privées et d'entreprises publiques (entreprises qui appartiennent à l'État) ?**

↘ **Est-ce qu'il y a beaucoup d'entreprises individuelles, artisanales, familiales, de professions libérales ? Dans quels secteurs d'activité ?**

La culture d'entreprise :
rites et codes sociaux

Vous allez intégrer une entreprise française et vous vous renseignez sur les habitudes dans les entreprises françaises.
Vous lisez, dans la revue *Intermonde*, l'interview de Christian Thieffry, directeur d'une agence d'assurance, sur les pratiques dans les entreprises françaises.

Rites et codes sociaux dans les entreprises françaises

Est-ce que vous pouvez me parler des habitudes courantes dans votre entreprise ?

C. T. : Tout d'abord, il y a le salut matinal. C'est un rite : quand j'arrive, je fais le tour des bureaux pour serrer la main de mes collaborateurs. Dans la journée, il y a aussi les « pauses-café ». Cela permet de discuter avec les collaborateurs et de se détendre.

Est-ce que vous avez l'habitude de fêter des événements de la vie privée ?

C. T. : Oui, on organise souvent des « pots » pour fêter une naissance, un mariage, une promotion ou encore un départ à la retraite. On boit un verre pour fêter l'événement. On a aussi l'habitude de faire un cadeau : on fait passer une enveloppe et le personnel met une somme d'argent pour acheter ce cadeau.

Voyez-vous vos collaborateurs en dehors du travail ?

C. T. : Non, je ne mélange pas ma vie professionnelle et ma vie privée. Je n'ai pas l'habitude de rencontrer mes collaborateurs en dehors du travail pour un dîner ou pour faire du sport, par exemple. En France, ça ne se fait pas beaucoup.

Et dans le travail, on dit que les Français ne félicitent pas beaucoup les collaborateurs.

C. T. : Oui, c'est vrai en règle générale. Mais on peut montrer sa satisfaction à un collaborateur dans un entretien d'évaluation en fin d'année. Le salarié français attend une reconnaissance financière comme une promotion ou une augmentation de salaire ou encore un bonus, c'est-à-dire une somme d'argent versée quand les objectifs sont atteints.

Interview de Christian Thieffry,
directeur d'une agence d'assurance.

Intermonde
n° 236

27

Le journaliste d'*Intermonde* vous interroge.
Répondez à ses questions. Parlez des rites et des codes sociaux dans votre entreprise ou dans une autre entreprise de votre pays.

Trouvez un emploi !

A2

Pour être capable

› **de comprendre et rédiger une offre d'emploi simple**
› **de rédiger un CV simple**
› **d'échanger lors d'un entretien professionnel**

Vous allez apprendre à

› décrire un poste
› décrire des compétences et des qualités professionnelles
› parler de votre expérience professionnelle
› parler des conditions de travail (salaire, avantages, congés)

Vous allez utiliser

› la nominalisation
› le passé récent
› *il y a / en / depuis / pendant*
› l'imparfait d'habitude (sensibilisation)
› la forme négative : *ne... pas / ne... plus / ne... jamais*
› le pronom relatif *où*
› les mots interrogatifs composés
› les verbes *connaître* et *savoir*

⚠ **Pensez à consulter** Mon lexique

A Société recrute…

1 Lisez

🔍 Recherche 🔵 Actualités

Rechercher parmi les 12 003 offres d'emploi

Détail de l'annonce   Postuler à l'offre

Assistant(e) de direction H/F
Groupe international dans le domaine de l'énergie recrute un(e) assistant(e) de direction bilingue pour sa filiale située en Belgique.

Poste :
Vous êtes rattaché(e) au directeur général.
Vous assurez la réception, le suivi et les envois de courrier, vous organisez les agendas et les déplacements du directeur général, vous rédigez les comptes rendus de réunion, vous traitez les appels téléphoniques.

Profil :
De formation Bac + 2, vous avez une expérience professionnelle de 3 ans minimum.
Vous êtes autonome. Vous avez des capacités d'organisation et le sens de la communication.
Vous êtes à l'aise avec les outils informatiques.
Vous parlez parfaitement anglais.

Adressez CV + lettre de motivation + prétentions sous réf ASSISTDIR
Étincelles, 12 boulevard du Québec, 45000 Orléans, courriel : ndenis@cge.com

1

Monument historique (château + parc
dans la région du Calvados) recrute un(e)

chargé(e) d'accueil et de prestations touristiques

Missions :
• Accueil des visiteurs
• Visites guidées du château et du parc
• Ventes de produits souvenirs
• Gestion de caisse et de stocks

Profil :
• Langues : anglais courant.
  Une troisième langue est un avantage.
• Qualités requises : dynamisme,
  bon relationnel, excellente présentation.

CDD de 7 mois, possibilité CDI
Lieu de travail : Calvados
Travail les WE.
Salaire : fixe 1 844 € mensuels brut + primes

Merci d'envoyer CV + lettre de motivation + photo par mail directement via le bouton « POSTULER À L'OFFRE »

Postuler à l'offre 📄
Contacter l'entreprise ✉️
⭐ Ajouter à ma sélection
🖨️ Imprimer cette annonce
◁ Partager

2

Commemploi
1er site pour l'emploi

🔘 Le Top 15 ⭐
🔘 Toutes nos annonces
🔘 L'international

Espace **Candidat**
Espace **Recruteur**

Nous sommes une société spécialisée dans la vente de produits haut de gamme pour les arts de la table et nous recrutons :

un responsable commercial export H/F en CDI

Vous avez une formation commerciale supérieure et vous êtes expérimenté(e) dans la vente. Vous maîtrisez parfaitement les techniques de vente.
Vous avez l'esprit d'équipe.
Vous êtes disponible pour des déplacements à l'étranger.
Vous parlez couramment l'anglais et une autre langue étrangère.

Votre mission : développer notre chiffre d'affaires, négocier les contrats et animer une équipe de commerciaux.

Le poste est basé à Limoges, siège de notre entreprise.
Le salaire est évolutif (fixe + primes) + frais + téléphone portable.

Contact : BOVERRE RH, Michel Frias, 59 avenue Foucaud, 87000 Limoges ou par courriel mfrias@boverre.fr

3

2 Réagissez

Vous travaillez pour un site pour l'emploi. Complétez une fiche de synthèse pour chaque annonce.

ANNONCE N° …

Activité de l'entreprise :

Le poste : [   ]   La situation géographique : [   ]
Les activités : [   ]   Le salaire : [   ]

Le profil du candidat :

La formation : [   ]   Les qualités demandées : [   ]
L'expérience professionnelle : [   ]

Le contact : [   ]

3 Retenez

Pour préciser le secteur de l'entreprise :
Groupe international **dans le domaine** de l'énergie…
Société **spécialisée dans** la vente, la bijouterie…

Pour indiquer le poste proposé :
Nous recherchons… / recrutons…
Entreprise recherche... / recrute...

Pour indiquer le lieu de travail :

Filiale **située**	**à** + ville
Poste **basé**	**au(x)**, **en** + pays
Lieu de travail	**dans le**, **en** + région

Pour préciser des responsabilités :
Vous êtes **chargé(e) de** / **responsable de**…

Pour décrire les qualités et les compétences :
Dynamisme, bon relationnel, excellente présentation.
Vous êtes autonome / disponible pour…
Vous avez des capacités d'organisation /
le sens de la communication / **l'esprit d'**équipe.
Vous maîtrisez le / la / les…
Vous êtes à l'aise avec…
Vous savez négocier / animer…

Pour décrire les activités :
Vous **assurez** la réception, le suivi…
Vous **organisez**… / **rédigez**… / **traitez**…
Accueil… / **Visite**… / **Vente**… / **Gestion de**…
Votre mission : **développer**… / **négocier**… / **animer**…

Pour indiquer la formation et l'expérience :
De formation Bac + 2 / De niveau Bac + 2.

Vous avez une formation	supérieure
	commerciale.
	scientifique / littéraire.
	d'ingénieur / de juriste.

Vous avez une expérience minimum de … ans.
Vous êtes expérimenté(e).

Les offres d'emploi
une annonce
un(e) candidat(e)
une candidature
un contrat à durée déterminée / indéterminée (CDD / CDI)
un curriculum vitae (CV)
un fixe (= un salaire fixe)
une lettre de motivation
un poste / postuler
les prétentions
une prime
un recrutement / un recruteur / recruter
une référence (réf.)
les ressources humaines (RH)

Pour indiquer le niveau des langues parlées :
Anglais **courant**.
Vous **parlez couramment** / **parfaitement** le / l'… /
une langue étrangère.

4 Passez à l'action

Nous recrutons !

1. **Une entreprise de votre pays recherche un candidat pour un poste dans sa filiale en France. Choisissez un poste et rédigez l'offre d'emploi qui va paraître sur Internet.**

Ce poste est pour vous !

2. **Vous recherchez un emploi. Une des trois offres d'emploi de la page 126 vous intéresse. Indiquez pour quelle(s) raison(s) le poste est fait pour vous.**

RECRUTEMENT - OFFRES D'EMPLOI	
Société	
Poste	
Description du poste	
Profil du candidat	
Contact	
	Validez

B 30 secondes pour lire un CV !

CLÉS POUR L'ENTREPRISE

COMMENT RÉDIGER UN CV POUR UN POSTE DANS UNE ENTREPRISE FRANÇAISE ?
Un recruteur passe en moyenne 30 secondes à lire un CV. Pour être retenu, soignez la présentation de votre CV.

Véronica Realdi • 30 ans
35 avenue Jules Verger
35000 Saint-Malo
Tél. : 06 24 32 56 90
Courriel : vrealdi@netcourrier.com

POSTE DE RESPONSABLE COMMERCIALE
Spécialisation vente et e-marketing

COMPÉTENCES
Marketing et e-marketing : rédaction de courriels commerciaux, suivi des avis consommateurs.
Vente : développement des ventes en ligne + 15 % sur un an.

EXPÉRIENCE PROFESSIONNELLE
Depuis octobre 2011 : **Responsable marketing Internet** chez Bleuvoyage
Communication via Internet et développement des ventes en ligne

De juillet 2009 à septembre 2011 : **Attachée commerciale** chez Logotex
Prospection clients
Réalisation d'études de marché

De juillet à décembre 2007 : **Chargée d'études stagiaire** à la Chambre de commerce franco-espagnole de Madrid
Organisation des actions de promotion pour les entreprises françaises

LANGUES ÉTRANGÈRES ET INFORMATIQUE
Anglais courant
Espagnol : pratique de la langue commerciale (séjour professionnel de 6 mois en Espagne)
Bonne maîtrise du pack Office

FORMATION
2008 : diplôme de l'École Supérieure de Commerce de Nantes
2003 : Baccalauréat S mention bien

CENTRES D'INTÉRÊT
Pratique du basket-ball en club, compétitions régionales
Présidente de l'association des anciens élèves de l'École Supérieure de Commerce de Nantes

Transmonde-Avril

 **Mes docs ▸** CV modèle

2 Réagissez

Observez le CV modèle puis lisez les conseils des internautes sur le forum ci-dessous.
Identifiez les mauvais conseils qui ne correspondent pas au modèle.

🏠 › Forum › Bureautique › Comment rédiger un CV ?　　　　Signaler › **Poser votre question**

Comment rédiger un CV ?
Carine › Bonjour, j'aimerais rédiger un CV, dites-moi comment faire SVP... Merci !　　(Dernière réponse le 27 août à 16:43)

3 réponses

Anthony83　27 août à 16:43　　　　　　　　　　　　　　　　　　　Ajouter un commentaire

Salut ! Moi, j'ai juste un conseil à donner. À la fin de ton CV, indique bien tes principaux loisirs et signe ton CV. C'est important ;)

Bolka　20 août à 22:36　　　　　　　　　　　　　　　　　　　Ajouter un commentaire

Pour le titre de ton CV, mets le nom du poste que tu veux. Indique bien en premier ton expérience la plus ancienne et décris tes compétences avec de grandes phrases. Attention ! Tu ne dois pas donner le nom des entreprises où tu as travaillé et tu ne dois pas indiquer tes résultats avec des chiffres.

Michelin　1 juillet à 16:14　　　　　　　　　　　　　　　　　　　Ajouter un commentaire

Bonjour,
Je ne suis pas un grand spécialiste du CV mais j'ai deux conseils à te donner. Pour la présentation, n'écris pas ton CV à la main et mets le titre « curriculum vitae ». Et puis, donne des informations personnelles : ton nom, ton prénom, ta situation de famille mais n'indique pas ton âge et ton année de naissance. Bon courage !

3   Retenez

Les différentes rubriques d'un CV :
Compétences
Expérience professionnelle
Langues et informatique
Formation
Centres d'intérêt

**Pour décrire son expérience professionnelle /
ses stages :** (*à écrire en premier quand vous avez
déjà travaillé*)
Utiliser le vocabulaire de l'action : rédaction /
prospection / réalisation / organisation / négociation /
développement / vente / suivi

Pour indiquer sa formation : (*à écrire en premier
pour la recherche d'un premier emploi*)

| **Diplôme de** | + nom de l'école | |
| **Diplômé(e) de** | ou de l'université / | **(en +** *matière*) |

Pour indiquer le niveau des langues parlées :
Langue maternelle
Courant, bon niveau, pratique de la langue professionnelle,
niveau scolaire, niveau B1*
Lu, parlé, écrit

*Niveau du CECRL (A1-A2-B1-B2-C1-C2)

**Pour indiquer les séjours à l'étranger
et la durée :**
Séjour touristique / linguistique / professionnel
de 6 mois **en** Espagne.

**Pour donner des indications sur ses centres
d'intérêt :**
Responsable / Président(e) de...
Pratique du / de la / de l' / des + *sport, instrument
de musique ou activité*

4   Passez à l'action

Un CV bien rédigé.
1. **Vous recherchez un emploi dans une entreprise française. Rédigez votre CV.
   Indiquez vos compétences, votre expérience professionnelle, vos connaissances en langue
   et en informatique, votre formation, vos centres d'intérêt.**

Conseils d'ami.

2. **Un de vos amis doit faire son CV pour postuler dans la filiale française d'une entreprise
   de votre pays. Vous l'aidez. Posez des questions sur ses compétences, son expérience
   professionnelle, ses connaissances en langue et en informatique, sa formation
   et ses centres d'intérêt. Vous lui donnez des conseils puis vous rédigez le CV ensemble.**

C Votre profil nous intéresse !

1 Écoutez

Mes audios ▸ 56

La DRH* :	M. Levasseur, je viens de relire votre CV et je vois que vous avez travaillé à l'étranger.
Michel Levasseur :	Oui, c'est exact. En 2009, j'ai fait un stage à Madrid pendant trois mois pour avoir mon diplôme. Et puis, il y a quatre ans, je suis allé six mois à Hambourg.
La DRH :	Bon… Qu'est-ce que vous faisiez à Hambourg ?
Michel Levasseur :	J'étais stagiaire dans une usine où on fabrique des moteurs d'avion. Je travaillais avec un ingénieur et nous allions dans les ateliers. Je rencontrais des techniciens qui expliquaient leur travail. C'était intéressant.
La DRH :	Je comprends… Quelles sont vos fonctions actuelles ?
Michel Levasseur :	Je suis responsable d'un atelier de maintenance dans une petite entreprise.
La DRH :	Pourquoi voulez-vous quitter votre poste actuel ?
Michel Levasseur :	Je suis à ce poste depuis 4 ans déjà. Je ne peux plus évoluer dans cette entreprise. Et puis, je n'ai pas beaucoup d'avantages et je ne pars jamais en mission à l'étranger.
La DRH :	Pourquoi vous avez choisi notre entreprise ?
Michel Levasseur :	Parce que je voudrais travailler dans une grande entreprise où je peux progresser et connaître d'autres technologies et d'autres matériels. Et puis, je viens de finir une formation technique complémentaire qui me donne la possibilité de postuler chez vous.

DRH* : directeur ou directrice des ressources humaines

2 Réagissez

Lisez ci-dessous les 8 bonnes raisons pour changer de poste. Indiquez quelles raisons donnent le candidat dans son entretien.

1 Vous n'arrivez plus à travailler avec votre responsable.

2 Vous n'avez jamais d'augmentation de salaire.

3 Vous n'avez pas la possibilité d'obtenir un poste plus intéressant.

4 Vous ne touchez jamais de prime.

5 Votre entreprise a des difficultés.

6 Vous voulez développer vos compétences.

7 Vous avez des problèmes avec vos collègues.

8 Vous voulez voyager.

3 Retenez

Pour décrire des activités habituelles passées :
J'**étais** stagiaire.
Je **travaillais** avec un ingénieur et nous **allions** dans les ateliers.
Je **rencontrais** des techniciens qui m'**expliquaient** leur travail.

(→ **voir Outils linguistiques** 4. p. 134)

Pour exprimer une durée :
J'ai fait un stage à Madrid **pendant trois mois**.
Je suis allé **six mois** à Hambourg.
Je travaille à ce poste **depuis quelques années** déjà.

Pour situer une action passée :
En 2009, j'ai fait un stage à Madrid.
Il y a quatre ans, je suis allé à Hambourg.

Pour décrire une situation insatisfaisante :
Je **ne** peux **plus** évoluer / progresser.
Je **ne** pars **jamais** en mission à l'étranger.
Je **n'**ai **pas beaucoup** d'avantages

Le secteur technique
un atelier de maintenance / de réparation / de montage
un(e) ingénieur(e)
un matériel
un moteur
un(e) technicien(ne)
une technologie
une usine de fabrication

4   Passez à l'action

Mon parcours professionnel.
1. **Vous présentez votre parcours professionnel à un recruteur francophone.**

VOUS PARLEZ :
• de votre formation ;
• de votre expérience ;
• de vos qualités.

LE RECRUTEUR POSE DES QUESTIONS SUR:
• votre formation ;
• votre expérience ;
• vos fonctions actuelles ;
• les raisons de la recherche d'un nouvel emploi.

Recherche d'emploi.
2. **Vous recherchez un travail en France. Vous écrivez un mail à un(e) ami(e) français(e), vous indiquez pourquoi vous voulez changer de travail et vous lui parlez du poste que vous recherchez et de votre parcours professionnel.**

🔘 Mes vidéos ▸ Se présenter à un entretien

D Quelles sont les conditions ?

1 Écoutez

  Mes audios ▸ 57

En entretien d'embauche

Julie Delpierre :	Excusez-moi, je voudrais des précisions sur le poste. Je peux vous poser des questions ?
Le DRH :	Mais, je vous en prie.
Julie Delpierre :	Pouvez-vous me dire dans quels pays sont vos principaux clients ?
Le DRH :	En Allemagne, en Chine et aux États-Unis. Vous connaissez bien ces pays ?
Julie Delpierre :	Oui, oui… Et avec qui je vais travailler ?
Le DRH :	Avec le directeur commercial.
Julie Delpierre :	D'accord. De quels outils de travail je vais disposer ?
Le DRH :	Vous allez avoir un ordinateur et un téléphone portable.
Julie Delpierre :	Et pour les déplacements ?
Le DRH :	Vous disposez d'une voiture de fonction.
Julie Delpierre :	Et si je suis embauchée, sur quel salaire je peux compter ?
Le DRH :	Pour ce poste, le salaire brut est de 37 000 € par an, plus les primes et bien sûr le remboursement des frais professionnels.
Julie Delpierre :	C'est très bien. Je vais avoir combien de jours de congés payés dans l'année ?
Le DRH :	Eh bien, vous avez droit aux cinq semaines légales.
Julie Delpierre :	Ah ! Très bien… Écoutez, ça me convient.

Mes docs ▸ Congés et calendrier des jours fériés en France

2 Réagissez

Vous êtes chargé(e) de préparer la lettre d'engagement de Julie Delpierre. Complétez-la.

Vous allez exercer la fonction de responsable commerciale export dans notre société.

Votre salaire est de . . . . pour un horaire hebdomadaire de 35 heures

avec . . . . de congés payés.

Les avantages liés au poste sont : . . . .

3 Retenez

Pour interroger sur les conditions de travail :
Avec qui je vais travailler ?
De quels outils de travail je vais disposer ?
Sur quel salaire je peux compter ?
Je vais avoir **combien de** jours de congés payés dans l'année ?

Pour parler des avantages financiers d'un poste :
Le salaire est de … euros par an.
par mois.
brut / net.
Il y a des **primes**.

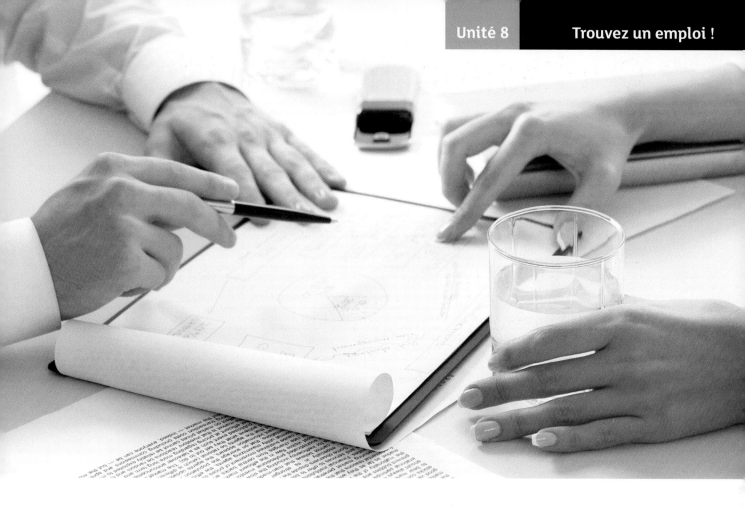

Pour indiquer des avantages matériels :
Vous **avez** / **allez avoir** un ordinateur portable /
un téléphone portable.
Vous **disposez** / **allez disposer d'**une voiture de fonction.

Pour parler des droits :
Vous **avez droit à** cinq semaines de congés payés.
Vous **avez la possibilité de** prendre vos congés /
vos vacances en août.

4 Passez à l'action

J'ai des avantages.
1. **Faites une présentation de votre emploi actuel (ou d'un poste que vous connaissez si vous ne travaillez pas). Décrivez votre / le poste et indiquez vos / les avantages matériels et financiers.**

J'ai des questions !
2. **Vous avez répondu à une des trois annonces de la page 126 (choisissez une annonce). Vous êtes convoqué(e) pour un entretien avec le directeur / la directrice des ressources humaines.**

Vous posez des questions sur:

- l'entreprise, son marché, ses clients ;
- sur le poste ou les activités liées à la fonction ;
- les avantages matériels et financiers.

Le / La DRH donne:

- des informations sur l'entreprise et le poste ou les activités liées au poste ;
- les avantages matériels et financiers.

J'ai trouvé un emploi !
3. **Vous avez passé un entretien pour un nouvel emploi et vous avez obtenu le poste. Vous écrivez un courriel à un(e) ami(e) francophone. Vous décrivez le poste et ses avantages.**

OUTILS LINGUISTIQUES

1 La nominalisation

Pour nommer l'action.

Missions :

– **Accueil** des visiteurs – **Ventes** de produits souvenirs – **Gestion** de caisse et de stocks	– Vous assurez la réception, le suivi et les envois de courrier. – Vous rédigez les comptes rendus de réunion.	– Développer notre chiffre d'affaires – Négocier les contrats – Animer une équipe de commerciaux

Verbe	Nom de l'action	
recruter développer	recrute**ment** développe**ment**	**Ces noms sont masculins.**
accueillir suivre envoyer	**accueil** **suivi** **envoi**	

Verbe	Nom de l'action	
recevoir gérer rédiger négocier animer	récep**tion** ges**tion** rédac**tion** négocia**tion** anima**tion**	**Ces noms sont féminins.**
visiter vendre	visite vente	

2 Le passé récent

Pour indiquer qu'un événement passé est récent.

Je viens de relire votre CV. / **Je viens de** finir une formation technique complémentaire.
Venir **conjugué au présent +** *de* **+ verbe principal à l'infinitif**

3 IL Y A / EN / DEPUIS / PENDANT

Pour donner des indications de temps.

Pour indiquer le moment d'un événement	Pour indiquer une action / situation qui dure
En 2009, j'ai fait un stage. **Il y a** 4 ans, je suis allé à Hambourg.	J'ai fait un stage **pendant** trois mois. Je suis à ce poste **depuis** 4 ans / 2010.
Il y a + durée (avec un verbe au passé composé)	*Depuis* + durée ou moment (avec un verbe au présent)
En + le mois / l'année	*Pendant* + durée

4 L'imparfait

Pour décrire des actions et des situations habituelles passées.

— Qu'est-ce que vous **faisiez** à Hambourg ?
— J'**étais** stagiaire dans une usine. Je **travaillais** avec un ingénieur et nous **allions** dans les ateliers. Des techniciens **expliquaient** leur travail. C'**était** intéressant.

Présent (*nous*)	Imparfait
Nous travaillons	Je travaill**ais** avec un ingénieur.
Nous finissons	Tu finiss**ais** tard.
Nous vendons	Il / Elle / On vend**ait** des machines.
Nous allons	Nous all**ions** dans les ateliers.
Nous avons / faisons	Vous av**iez** / fais**iez** un travail intéressant.
Nous expliquons	Ils / Elles expliqu**aient** leur travail.

Formation = base du verbe conjugué avec *nous* au présent + *AIS / AIS / AIT / IONS / IEZ / AIENT*

⚠ La base pour le verbe *être* est ét…
J'<u>ét</u>ais stagiaire. C'<u>ét</u>ait intéressant.

5 La forme négative : *NE... PAS / NE... PLUS / NE... JAMAIS*

Pour décrire une situation, des habitudes.

−	+
Je n'ai **pas** beaucoup d'avantages.	J'ai beaucoup d'avantages.
Je **ne** peux **plus** évoluer dans cette entreprise.	Je peux **encore** évoluer dans cette entreprise.
Je **ne** pars **jamais** en mission à l'étranger.	Je pars **toujours** / **souvent** en mission à l'étranger.

Sujet + *NE* + verbe + PAS / *PLUS* / JAMAIS ⚠ Si le verbe commence par une voyelle : *Ne* ➜ *N'*

⚠ Au passé composé : *Ne* + *avoir* / *être* + *pas* + participe passé

6 Le pronom relatif *OÙ*

Pour apporter des précisions sur un lieu et éviter des répétitions.

Je voudrais travailler dans une grande entreprise **où** je peux progresser. J'étais stagiaire dans une usine **où** on fabrique des moteurs d'avion.
Où relie deux phrases, remplace un **complément de lieu** et est généralement placé **devant le sujet**.

7 Les mots interrogatifs composés

Pour interroger avec précision.

Avec	qui	je vais travailler ?	➜ **Avec** le directeur commercial.
Dans	quels	pays travaillent vos principaux clients ?	➜ **Dans** les pays d'Asie.
Sur	quel	salaire je peux compter ?	➜ **Sur** 37 000 € brut par an.
De	quels	outils de travail je vais disposer ?	➜ Vous disposez **d'**une voiture de fonction et **d'**un ordinateur.

Mot interrogatif composé = Préposition + mot interrogatif
Le choix de la préposition dépend du verbe et de la réponse à la question.

8 Les verbes *CONNAÎTRE* et *SAVOIR*

→ Voir tableaux de conjugaison p. 180 (*connaître*) et 182 (*savoir*).

⚠ Ne pas confondre *connaître* et *savoir*.

Connaître + nom ➜ *Je connais cette entreprise / la Chine / Mme Fabre.*
Savoir + verbe ou mot interrogatif ➜ *Je sais négocier. Je sais comment elle s'appelle.*

PRONONCEZ ◉ Mes audios ▸ 58-59

1. [o] et [ɔ]
A. Écoutez et classez les mots soulignés suivant la prononciation du o.
Je voudrais évoluer et progresser. J'ai trouvé une offre de formation dans le domaine commercial et j'espère trouver un poste à Barcelone et gagner beaucoup d'euros.

B. Réécoutez et répétez les énoncés.

2. Discrimination orale du présent et de l'imparfait
A. Écoutez et cochez la phrase entendue.

	En ce moment		Avant	
a.	Je réalise des études.		Je réalisais des études.	
b.	J'organise des ventes.		J'organisais des ventes.	
c.	Je travaille avec un ingénieur.		Je travaillais avec un ingénieur.	
d.	Je voyage beaucoup.		Je voyageais beaucoup.	
e.	Je développe des produits.		Je développais des produits.	
f.	J'accueille les visiteurs.		J'accueillais les visiteurs.	
g.	Je rédige les comptes rendus.		Je rédigeais les comptes rendus.	

B. Répétez les paires d'énoncés.

ENTRAÎNEZ-VOUS

1. À chacun sa mission

Utilisez la nominalisation pour transformer les phrases (tous les noms finissent par -tion).

1. Jean-Marc forme des commerciaux. → Il s'occupe de la ... des commerciaux.
2. Maïté réalise des maquettes. → Elle est chargée...
3. Pascal organise des congrès. → Il s'occupe...
4. Pierre anime des séminaires. → ...
5. Véronique commercialise des logiciels. → ...
6. Éric crée des sites Internet. → ...
7. Hélène informe les partenaires. → ...
8. Anne rédige des rapports. → ...

2. Histoires de sociétés

Complétez avec en, pendant, depuis, il y a.

1. La société Burodom existe ... 1987.
2. La société Neuville a racheté l'entreprise Microfor ... quinze ans.
3. Paul Pinson a dirigé la société Baflex ... vingt ans (de 1985 à 2005).
4. La société Mobilia produit des meubles ... cinquante ans.
5. Alice Vallon a quitté la société Delbard ... 2003.
6. La société Castel a déménagé ... trois ans.

3. Reconversion professionnelle

Conjuguez les verbes à l'imparfait.

Avant, je (travailler) ... dans un cabinet de consultants. J'(aller) ... dans les entreprises et j'(animer) ... des formations. Je (partir) ... souvent en province. Quand j'(être) ... au bureau, je (préparer) ... mes missions, je (faire) ... des rapports. Je (commencer) ... tôt le matin et je (finir) ... tard le soir et parfois je (retourner) ... au bureau le week-end pour finir des dossiers. J'(avoir) ... aussi souvent des dîners à l'extérieur. Le travail (être) ... très motivant et je (rencontrer) ... beaucoup de personnes intéressantes mais j'(être) ... trop fatigué et je ne (prendre) ... pas le temps de vivre alors... j'ai changé de métier : aujourd'hui, je suis fleuriste !

4. Conversations de bureau

Complétez les questions avec un interrogatif composé (préposition + quel(s) / quelle(s)).

1. — ... ... entreprises préparez-vous ce contrat ?   → Pour les entreprises polonaises.
2. — ... ... ordinateur travailles-tu ?   → Sur l'ordinateur de Christophe.
3. — ... ... consultants avez-vous fait cette formation ?   → Avec les consultants de H&L.
4. — Tu as fait cette note ... ... service ?   → Pour le service marketing.
5. — ... ... tiroir as-tu rangé les CV ?   → Dans le tiroir de droite.
6. — ... ... photocopieuse avez-vous fait ce document ?   → Avec la photocopieuse du premier étage.

5. Compétences

Complétez les phrases avec connaissent ou savent.

1. Les commerciaux ... les besoins des clients.
2. Les informaticiens ... développer des logiciels.
3. Les ingénieurs ... les techniques de production.
4. Les techniciens ... les machines.
5. Les assistantes ... parler plusieurs langues.
6. Les directeurs ... comment manager les équipes.

TESTEZ-VOUS

1. Une offre d'emploi

Choisissez le mot qui convient et complétez l'annonce.

1. a. recrute
   b. travaille
   c. forme
2. a. intéressant
   b. posé
   c. basé
3. a. joint(e)
   b. rattaché(e)
   c. diplômé(e)
4. a. activité
   b. qualité
   c. expérience

5. a. formation
   b. connaissance
   c. talent
6. a. aimez
   b. justifiez
   c. maîtrisez
7. a. visiter
   b. développer
   c. effectuer
8. a. titre
   b. fonction
   c. candidature

Notre entreprise spécialisée dans les produits alimentaires ... (1) un(e)

COMMERCIAL(E) EXPORT

Poste ... (2) à Tours

... (3) au directeur commercial :
- Vous êtes autonome et dynamique, vous aimez le contact et la vente.
- Vous avez une ... (4) du secteur agro-alimentaire.
- À 25/30 ans, de ... (5) Bac + 4/5, vous êtes mobile pour de fréquents déplacements à l'international.
- Vous ... (6) l'anglais et une autre langue étrangère.

Votre mission :
- ... (7) de nouveaux marchés.
- négocier des contrats.

Pour répondre à cette offre, merci d'adresser votre ... (8) à drh@cosmosplus.com ou par courrier à la :

Direction des ressources humaines
58 rue de Gigant
44000 Nantes

---

2. À la direction des ressources humaines ⊙ Mes audios ▸ 60

Écoutez ces sept candidats. Ils passent un entretien d'embauche. Indiquez pour chaque candidat à quelle rubrique de l'entretien correspond la réponse donnée.

Candidat 1 •
Candidat 2 •
Candidat 3 •
Candidat 4 •
Candidat 5 •
Candidat 6 •
Candidat 7 •

• a. Poste souhaité
• b. Formation et langues parlées
• c. Expérience professionnelle
• d. Qualités du candidat
• e. Avantages financiers et matériels
• f. Activités extraprofessionnelles
• g. Objectif professionnel

⊙ Mon portfolio ▸ Unité 8

Repères culturels

Les **salaires** en France

En France, il existe un salaire minimum : le **SMIC** (salaire minimum interprofessionnel de croissance).

Il est de 9,43* euros brut de l'heure ou 1 430,22* euros brut par mois (pour 35 heures hebdomadaires).

Des **cotisations sociales** sont déduites du **salaire brut**.

Le **salaire net**, c'est ce que le salarié touche vraiment (7,39* € net / heure ou 1 121,93* € net / mois).

C'est toujours le salaire brut qui est indiqué sur les offres d'emploi.

*chiffres au 1er janvier 2013

1. **Observez le tableau ci-dessous et indiquez les salaires dans votre pays.**

Catégories professionnelles	Salaires en France	Salaires dans votre pays
 Ouvrier	1 635 € net / mois	....
Employé	1 554 € net / mois	....
Cadre	3 988 € net / mois	....
Profession intermédiaire (professeurs, techniciens, etc.)	2 182€ net / mois	....
Salaire moyen en France	2 130 € net / mois *	....

*source INSEE 2013

2. **Maintenant, analysez tous les chiffres. Quelles sont vos conclusions ?**

Les avantages

En plus du salaire, les entreprises peuvent aussi proposer des avantages à leurs salariés.

1. **Lisez le document ci-dessous et choisissez les 5 avantages que vous préférez.**

Le top 10 des avantages dans les entreprises françaises (source *L'Entreprise* n° 287)

1) ☐ Remboursement des frais sur justificatifs
2) ☐ Jours de RTT[1]
3) ☐ Horaires flexibles
4) ☐ Avantages du comité d'entreprise[2]
5) ☐ Mutuelle d'assurance[3]

6) ☐ Ordinateur portable
7) ☐ Téléphone portable
8) ☐ Participation / Intéressement[4]
9) ☐ Prime[5]
10) ☐ Tickets restaurant[6]

Certaines entreprises proposent aussi d'autres avantages : ☐ une voiture de fonction
☐ une carte de crédit entreprise   ☐ une crèche pour garder les enfants de moins de trois ans.

1. réduction du temps de travail • 2. organisation de membres élus par les salariés dans les entreprises de plus de 50 personnes qui gère les œuvres sociales • 3. assurance complémentaire santé prise en charge en partie par l'entreprise • 4. part des bénéfices distribués aux salariés • 5. avantage financier en plus du salaire • 6. bons pris en charge à 50 % par l'entreprise pour payer des repas

2. **Cochez les avantages que des entreprises de votre pays peuvent aussi offrir.**

3. **Indiquez les avantages qui ne sont jamais proposés dans votre pays ou des avantages spécifiques aux entreprises de votre pays.**

La lettre de **motivation**

1. Vous souhaitez poser votre candidature à un emploi dans une entreprise française et vous lisez un article avec les conseils d'un spécialiste en recrutement.

Comment rédiger une lettre de motivation ?

La lettre de motivation doit être courte. Elle est jointe au CV. Elle peut être dactylographiée ou manuscrite.
En France, des cabinets de recrutement et des entreprises peuvent effectuer une analyse graphologique.*
Soignez la rédaction de votre lettre de motivation.

1) L'objectif de la lettre est surtout d'obtenir un entretien : précisez-le.
2) Vous devez vous mettre en valeur : parlez de votre formation et de votre expérience professionnelle.
3) Indiquez vos compétences.
4) Écrivez une première phrase d'accroche (réponse à une annonce, candidature spontanée...) et parlez de l'entreprise.

5) N'oubliez pas de donner vos coordonnées complètes.
6) Ne répétez pas vos nom et prénom après la signature.
7) Énoncez trois qualités en rapport avec le poste.
8) Choisissez une formule de politesse classique.
9) Rappelez le poste souhaité.
10) Essayez d'obtenir le nom du bon destinataire.

* analyse de l'écriture

2. Vérifiez si Carine Launay a bien suivi les conseils du spécialiste en recrutement. Lisez la lettre et associez les conseils donnés aux parties correspondantes de la lettre.

Carine Launay
78 rue du commerce
19000 Tulle
Port. : 06 24 32 56 90
claunay@netcourrier.com
(a)

Tulle, le 20 décembre 2013

Société Boverre
59 avenue Foucaud
87000 Limoges

(b) À l'attention de Monsieur Frias

Objet : candidature au poste de responsable commerciale export en CDI (c)

Monsieur,
La presse spécialisée a salué vos performances et c'est pourquoi j'ai lu avec intérêt votre annonce parue sur le site commemploi concernant un poste de responsable commerciale export. (d)
Pendant mes études supérieures de commerce, j'ai effectué plusieurs stages à l'étranger dans le secteur des accessoires de luxe. Je connais bien le marché européen et j'ai une bonne pratique des langues anglaise et espagnole. (e)
Attachée commerciale, j'ai développé mes compétences dans différents domaines : recherche de nouveaux marchés à l'export, développement des ventes, négociation des contrats. (f)
Aujourd'hui, je souhaite réaliser mes objectifs professionnels et mettre mon expérience, ma disponibilité et mon dynamisme au service de votre entreprise. (g)
J'espère pouvoir vous montrer ma motivation au cours d'un prochain entretien. (h)
Dans cette attente, je vous prie d'agréer, Monsieur, mes salutations très distinguées. (i)

(j)

3. Carine Launay a répondu à l'annonce n° 3 de la page 126. Est-ce que le recruteur peut retenir sa candidature ? Pourquoi ?

4. Rédigez votre lettre de motivation pour un poste souhaité dans une entreprise française.

Faites des projets !

A2

Pour être **capable**

- ⟩ **de participer à des actions / discussions simples concernant l'environnement de travail**
- ⟩ **de comprendre et de rédiger de brèves notes pour des besoins professionnels**
- ⟩ **d'élaborer un programme et de faire le point sur les actions en cours ou à venir**

Vous allez **apprendre à**

- ⟩ décrire votre environnement de travail
- ⟩ introduire un sujet dans une réunion
- ⟩ indiquer une action en cours ou à venir
- ⟩ indiquer un résultat et décrire une évolution
- ⟩ donner des consignes
- ⟩ interroger sur un programme / un projet / un dossier
- ⟩ faire / accepter une suggestion

Vous allez **utiliser**

- ⟩ le pronom *y*
- ⟩ *de plus en plus / de moins en moins*
- ⟩ le présent continu
- ⟩ la forme négative du passé composé
- ⟩ le futur simple
- ⟩ les pronoms COI

⚠ **Pensez à consulter** Mon lexique

A Question de bien-être

1 Écoutez

 Mes audios ▸ 61

L'enquêteur : Bonjour, je fais une enquête sur le confort dans les entreprises. Je peux vous interroger ?

Femme 1 : Oui, d'accord.

L'enquêteur : Vous êtes contente de votre environnement de travail ?

Femme 1 : Oui, très contente. Je travaille dans une entreprise suédoise où le confort des salariés est très important. Les bureaux sont très lumineux avec un décor très moderne. Nous avons un sauna et une salle de gym et puis il y a une très grande cuisine accessible aux salariés toute la journée. On peut y cuisiner, réchauffer un plat, faire du café ou du thé. Je pense qu'on a beaucoup de chance !

L'enquêteur : Et vous madame, comment trouvez-vous votre environnement de travail ?

Femme 2 : Je travaille dans un espace ouvert* depuis 5 ans. Quelle invention horrible ! Au début, je trouvais ça bien mais c'est de plus en plus difficile d'y travailler parce qu'il y a trop de bruit. Pour se détendre, on dispose d'une salle de repos avec des fauteuils, des canapés confortables et des tables basses. On y trouve aussi une grande bibliothèque avec des livres et des magazines. C'est bien mais je trouve que ce n'est pas suffisant !

L'enquêteur : Monsieur, qu'est-ce que votre entreprise propose pour votre bien-être ?

Homme 1 : Rien. C'est une toute petite entreprise et les locaux ne sont pas très spacieux mais elle se trouve près d'une forêt. Alors, pendant les pauses-déjeuner, on peut y faire du jogging ou du vélo entre collègues. Je trouve que ça crée une bonne ambiance !

L'enquêteur : Et dans votre entreprise, madame, qu'est-ce qu'on vous offre pour votre confort ?

Femme 3 : Moi, je suis dans une très grosse entreprise de 3 000 personnes. Pour faciliter notre vie quotidienne, nous avons une crèche pour les bébés des salariés. Il y a aussi un salon de coiffure, une banque avec un distributeur de billets, une agence de voyage, une salle de sport et deux restaurants d'entreprise. Et puis, depuis l'année dernière, nous avons une très grande salle qui peut servir pour les concerts ou les fêtes.

L'enquêteur : Monsieur, est-ce que votre entreprise fait des efforts pour votre confort ?

Homme 2 : Je bosse dans une petite boîte. Mon patron est très exigeant et on a de plus en plus de boulot mais on a une petite salle de sport et un espace avec des jeux vidéo pour nous détendre. En plus, on va bientôt avoir de nouveaux postes de travail bien aménagés, avec des ordinateurs performants, des chaises ergonomiques et des casques pour nos téléphones. C'est génial !

*open space

2 Réagissez

Vous souhaitez rédiger un article sur les efforts des entreprises pour le bien-être des salariés. Notez toutes les bonnes idées.

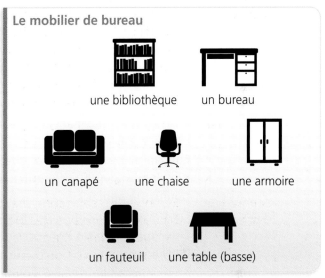

3 Retenez

Pour décrire un environnement de travail :
Je travaille dans un **espace ouvert** (open space).
Les **bureaux** sont très **lumineux / sombres** avec un décor **moderne / ancien**.
Les **locaux** (ne) sont (pas) **spacieux**.
Les **postes de travail** sont **modernes / anciens** et **bien / mal aménagés**.
Nous avons une **petite / grande salle de sport** et un **espace** pour nous détendre.

Pour expliquer les utilisations d'un lieu :
Il y a une grande cuisine. **On peut y** cuisiner,
réchauffer un plat, faire du café.
Nous avons une très grande salle **qui peut servir
pour** les concerts.
Il y a une salle **qui est utilisée pour** les fêtes.

Pour décrire une évolution :
Nous avons **de plus en plus** de travail.
Nous avons **de moins en moins** de temps libre.
C'est **de plus en plus** difficile / **de moins en moins**
facile d'y travailler.

Pour donner une opinion positive / négative :
Je pense qu'on a beaucoup de chance !
Je trouve ça bien / **que c'est** bien / **que ça** crée
une bonne ambiance.
Quelle invention horrible ! **Il y a trop de** bruit !
Je trouve que ce n'est pas suffisant.

Le mobilier de bureau

une bibliothèque   un bureau

un canapé   une chaise   une armoire

un fauteuil   une table (basse)

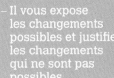 **Mes docs** ▶ Les fournitures de bureau

Le lexique familier du travail
bosser • un boulot • une boîte

4 Passez à l'action

Ça ne va plus !
1. **Votre environnement
de travail ne vous convient pas.
Vous faites la liste des points négatifs
et vous rencontrez votre supérieur(e)
pour en parler.**

– Vous expliquez la situation.
– Vous exprimez vos souhaits.

– Il donne son avis
(d'accord / pas
d'accord).
– Il vous expose
les changements
possibles et justifie
les changements
qui ne sont pas
possibles.

vous   votre supérieur

Super projet !
2. **Vous travaillez pour un cabinet d'architecture. Imaginez un projet d'aménagement
pour une petite agence de publicité de 15 salariés. Dessinez un plan et exposez vos idées
à la direction de l'agence.**

 **Mes vidéos** ▶ Bien-être au travail

B Au comité d'entreprise

Pierre :	Nous sommes réunis pour parler de l'organisation des activités de loisirs. Commençons par les voyages. Martine, qu'est-ce qui est prévu cette année ?
Martine :	On est en train de préparer un circuit dans le sud de l'Espagne pour septembre et un week-end en Italie pour avril. Les inscriptions sont en cours et nous avons déjà beaucoup de personnes intéressées.
Pierre :	Très bien. Et pour les vacances d'été, qu'est-ce qu'on fait ?
Cécile :	Comme l'année dernière, on organise un séjour d'une semaine à la mer pour les enfants des salariés. Nous sommes en train de faire les inscriptions et Martine est en train de collecter tous les dossiers.
Pierre :	Tout se passe bien, Martine ?
Martine :	Oui, oui. Nous avons déjà inscrit 34 enfants de 7 à 13 ans.
Pierre :	Ce n'est pas mal... Bon, parlons maintenant des loisirs. On en est où des questionnaires sur les activités sportives ? Les collègues ont répondu ?
Cécile :	Non, nous n'avons pas eu beaucoup de réponses. Mais je sais que les gens voudraient une subvention plus importante pour les abonnements dans les clubs de sport.
Pierre :	Bon, nous allons financer 50 % de l'abonnement. Vous avez contacté des clubs pour négocier des tarifs ?
Martine :	Oui, mais nous n'avons pas encore reçu d'offre intéressante.
Pierre :	Bon, il faut continuer à chercher... Dernier point : la fête de Noël. Vous avez des idées pour cette année ?
Cécile :	On n'a jamais organisé de spectacle de magie. C'est une possibilité, non ?
Pierre :	Oui. Pourquoi pas ! Bon, on réfléchit et on se revoit le 22 juin pour reparler de la fête de Noël.

2 Réagissez

Cécile a fait un compte rendu de la réunion. Il manque des informations.
Vous êtes Martine. Complétez le compte rendu.

<table>
<tr><td colspan="2" align="center">Réunion du comité d'entreprise du 22 mai</td></tr>
<tr><td colspan="2">Présents : Pierre Veil, Cécile Filarsky, ... Lemaire
Ordre du jour : Organisation des activités de loisirs</td></tr>
<tr><td>Voyages</td><td>Septembre : Circuit ....
.... : Week-end en Italie
Inscriptions en cours ....</td></tr>
<tr><td>Vacances enfants</td><td>Séjour à la mer ....
Inscriptions et collecte des dossiers en cours ....</td></tr>
<tr><td>Loisirs</td><td>Pas beaucoup de réponses aux questionnaires sur les activités sportives

Martine a contacté des clubs mais n'a pas encore reçu d'offre intéressante.</td></tr>
<tr><td colspan="2">Date et ordre du jour de la prochaine réunion : ....</td></tr>
</table>

3 Retenez

Pour introduire un sujet dans une réunion :
Nous sommes réunis pour parler des activités de loisirs.
Commençons par les voyages.
Parlons maintenant des loisirs. / **Abordons maintenant** le problème / la question de…
Dernier point : la fête de Noël.

Pour faire le point et indiquer un résultat :
Nous avons déjà beaucoup de personnes intéressées.
Nous avons déjà inscrit 34 enfants.
Nous n'avons pas eu beaucoup de réponses.
Nous n'avons pas encore reçu d'offre intéressante.

Pour interroger sur un projet / un dossier :
Qu'est-ce qui est prévu ?
Et pour les vacances d'été, **qu'est-ce qu'on fait ?**
Tout se passe bien ?
On en est où des questionnaires sur les activités sportives ?

Les réunions
une réunion de travail / de service / du comité d'entreprise •
un colloque • une assemblée générale •
une conférence • un atelier • un séminaire •
faire le point • faire un compte rendu •
présenter / proposer un ordre du jour

Pour indiquer une action en cours :
Nous sommes **en train de** faire les inscriptions.
Les inscriptions sont **en cours**.

Les inscriptions
un abonnement • un(e) adhérent(e) • une adhésion •
une subvention • financer • un tarif

4 Passez à l'action

Événement important.

1. **Vous travaillez pour la filiale d'une entreprise française dans votre pays. Votre entreprise va organiser une soirée à l'occasion de la nouvelle année. Vous êtes chargé(e) avec un collègue de l'organisation de cette soirée.**

   a. Trois semaines avant l'événement, votre responsable (francophone) veut faire le point avec vous et votre collègue pendant une réunion.

Votre responsable	Vous et votre collègue
• Il ouvre la réunion. • Il pose des questions sur les différents points d'organisation et fait des propositions.	Vous indiquez : • les actions réalisées, en cours, à venir ; • des résultats et les problèmes rencontrés.

   b. Vous rédigez un compte rendu simple de la réunion avec votre chef et votre collègue.

Retour de mission.

2. **Vous travaillez dans une entreprise française et vous revenez d'une mission à l'étranger. Faites un compte rendu à vos collaborateurs pendant une réunion.**

Vos collaborateurs	Vous
Ils vous posent des questions à propos de votre mission (vos actions, vos résultats).	• Vous racontez ce que vous avez fait. • Vous indiquez les résultats de votre mission (résultats positifs, résultats négatifs).

c Infos utiles

1 Lisez

À :	Ensemble du personnel
Objet :	Exposition
CC :	
≡ ▼ **De :**	CE ▲▼ 📎 Affiche les salariés s'exposent.docx

Les salariés s'exposent !

7 collègues photographes et peintres amateurs exposeront leurs œuvres du 18 juin au 13 juillet dans le hall d'entrée.

Vous êtes invités au vernissage de cette exposition qui aura lieu le lundi 18 juin à 18 heures.
Vous trouverez l'affiche de l'exposition en PJ.
Venez nombreux !

Le CE

Émetteur : CE
Destinataire : ensemble du personnel

Note d'information

Une permanence aura lieu le lundi 23 mai de 12 h à 13 h 30, dans la salle de restaurant, pour la vente de tickets de cinéma à prix réduits.

Juliette Combes vous y attendra.

Nous vous demandons de prévoir votre paiement par chèque.

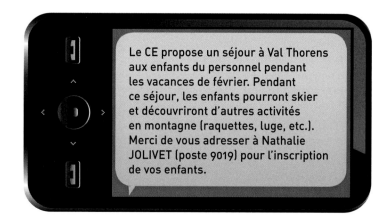

Le CE propose un séjour à Val Thorens aux enfants du personnel pendant les vacances de février. Pendant ce séjour, les enfants pourront skier et découvriront d'autres activités en montagne (raquettes, luge, etc.). Merci de vous adresser à Nathalie JOLIVET (poste 9019) pour l'inscription de vos enfants.

2 Réagissez

Des collègues n'ont pas les bonnes informations. Corrigez-les.

1. C'est génial, les enfants vont partir en vacances à la mer !

2. Il y a une conférence le lundi 18 juin.

3. On peut acheter des tickets de restaurant le 23 mai !

4. Des photographes professionnels vont venir !

5. C'est Nathalie qui s'occupe de la vente de tickets de cinéma !

6. On va voir des tableaux dans la salle de restauration.

7. Le CE propose un circuit pour les salariés en février !

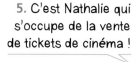

3 | Retenez

Pour indiquer des événements à venir :
Sept collègues photographes et peintres **exposeront** leurs œuvres.
Pendant les vacances, les enfants **pourront skier** et **découvriront** des activités de montagne.
Une permanence **aura lieu** le lundi 23 mai pour la vente de tickets de cinéma.

(→ **voir Outils linguistiques, 5 p. 150**)

Pour donner des consignes :
Nous vous demandons de prévoir votre paiement / règlement par chèque / par carte bancaire.
Nous vous demandons de ne pas régler en espèces.
Merci de vous adresser à Nathalie Jolivet pour l'inscription de vos enfants.

Les sorties
un cinéma
un billet / ticket d'entrée
un cocktail
un concert
une exposition
un film
un musée
une œuvre
une pièce de théâtre
un peintre
un(e) photographe
un spectacle de danse / de magie
un tableau
un vernissage

4 | Passez à l'action

Une note importante.
1. **La direction administrative et financière de l'entreprise où vous travaillez veut sensibiliser les salariés pour réduire les dépenses de l'entreprise. Vous êtes chargé(e) de cette mission. Faites la liste des économies possibles (papier, encre, électricité, gobelets en plastique, etc.) et rédigez une note à tout le personnel.**

Esprit d'équipe.
2. **Lisez cet extrait d'un article.**

> Depuis plusieurs années, les *team-building* sont des ateliers artistiques, sportifs ou culturels très utilisés par les entreprises pour favoriser l'esprit d'équipe et pour apprendre à travailler ensemble.

Vous souhaitez organiser un atelier « team-building » pour votre équipe. Choisissez le type d'atelier (artistique, sportif ou culturel) et rédigez un mail à vos collaborateurs pour expliquer le programme de cet atelier (lieu, date, activité, rendez-vous).

D Un programme chargé !

1 Écoutez   ⊙ Mes audios ▸ 63

La directrice générale :	M. Pruet m'a téléphoné et je dois lui envoyer le programme de visite de nos partenaires canadiens. Qu'est-ce qui est prévu ?
Le directeur export :	Ils arriveront mercredi prochain dans la matinée et ils auront une réunion de travail avec nous l'après-midi. Le soir, nous avons prévu un cocktail de bienvenue à 18 h, puis je propose de les emmener dîner au restaurant de la tour Eiffel. Mon assistante réservera une table pour 20 h 30.
La directrice générale :	C'est parfait ! Et le jeudi, quel est leur programme ?
Le directeur export :	Le matin, ils rencontreront nos fabricants et, dans l'après-midi, nous leur montrerons l'usine de Boulogne. Le soir, ils seront peut-être fatigués alors on peut leur laisser une soirée de libre ?
La directrice générale :	Vous avez raison ! Ensuite, vendredi toute la journée, ils travailleront avec les stylistes. Vous avez prévenu le chef d'atelier ?
Le directeur export :	Oui, je lui ai envoyé un mail cette semaine.
La directrice générale :	Très bien ! Donc vendredi, nos partenaires canadiens rencontreront les stylistes. Et le soir, qu'est-ce qu'on fait ?
Le directeur export :	Je ne sais pas encore… si on allait au Moulin Rouge ?
La directrice générale :	Pourquoi pas, il y a un beau spectacle en ce moment. Je trouve que c'est une excellente idée !

2 Réagissez

Complétez le planning de visite des partenaires canadiens.

🌐 Calendriers		Jour	**Semaine**	Mois	Année	Liste	🔍 Rechercher

juin

	25 lundi	26 mardi	27 mercredi	28 jeudi	29 vendredi	30 samedi	1 dimanche
12:00							
14:00							
16:00							
18:00							
20:00							
22:00							
24:00							

Auj.	◁	juin 11-17 juin 18-24 juin 25-1 juil 2-8 juil 9-15 juil 16-21 juil 22-28 juil 29-4 août 5-10 août 11-17	▷	+

3   Retenez

Pour interroger sur un programme :
Qu'est-ce qui est prévu ?
Quel est le programme ?
Et le soir, qu'est-ce qu'on fait ?

Pour faire une suggestion :
Je propose de les emmener dîner au restaurant.
On peut leur laisser une soirée de libre ?
Si on allait au Moulin Rouge ?

Pour accepter une suggestion :
C'est parfait ! Vous avez raison !
Pourquoi pas ?
Je trouve que c'est une excellente idée !

4   Passez à l'action

Voyage d'affaires.
1. **Vous allez recevoir des clients francophones pendant quatre jours dans votre pays. Vous leur écrivez un mail et vous leur proposez un programme de visite avec une journée de visites culturelles.**

Si on sortait ?
2. **Vous êtes en voyage à Marseille, en France. Vous lisez le journal de la ville pour établir votre programme du week-end puis vous appelez un(e) ami(e) / un(e) collègue francophone qui habite à Marseille pour lui proposer une sortie avec lui / elle.**

BONS PLANS À MARSEILLE
et ses environs

1 Musées
Les musées de Marseille sont reconnus pour la qualité et la richesse de leurs collections qui représentent près de 120 000 œuvres.
Musée Cantini : Picasso, Dubuffet, César... une collection d'art moderne dans un hôtel particulier du 17ᵉ siècle. **Le musée d'Histoire** de Marseille raconte l'histoire de la ville depuis ses origines en 600 avant J.-C. jusqu'à nos jours.

2 Musique
Le Festival d'Aix-en-Provence a lieu du 5 au 27 juillet. Au programme : *Les Noces de Figaro* de Mozart avec de jeunes artistes et *L'Enfant et les sortilèges* de Ravel.

3 Théâtre
Le grand Festival de théâtre d'Avignon regroupe de très nombreux spectacles de 10 h à minuit dans différents lieux : pièces de théâtre, spectacles de danse, spectacles musicaux.
Date : du 6 au 28 juillet

4 Restaurant
Un cadre exceptionnel : situé sur le petit port de la Pointe Rouge, le restaurant *La Riviera* offre une très belle vue sur la mer. On y mange de la bouillabaisse, la spécialité de la ville, dans une ambiance sympathique. Magnifique plateau de fruits de mer.
Prix : Plat du jour 10,50 €
Menu (entrée, plat, dessert) 27 €
Horaires : Mardi – Dimanche de 12 h à 14 h et de 20 h à 23 h

OUTILS LINGUISTIQUES

1 Le pronom *Y*

Pour parler d'un lieu et éviter les répétitions.

Il y a <u>une très grande cuisine.</u>	On peut **y** cuisiner.
L'entreprise se trouve près d'<u>une forêt</u>.	On peut **y** faire du jogging.
On dispose d'<u>une salle de repos</u>.	On **y** trouve une grande bibliothèque.
Nous avons <u>une salle de gym</u>.	Beaucoup de collègues n'**y** vont jamais.

On utilise le pronom **y** pour ne pas répéter un nom de lieu et si on peut répondre à la question « où ? ».

On peut cuisiner où ? ➜ **dans la cuisine**	On trouve une bibliothèque où ? ➜ **dans la salle de repos**
On peut faire du jogging où ? ➜ **dans la forêt**	Les collègues ne vont jamais où ? ➜ **dans la salle de gym**

Place du pronom y dans une phrase au présent

Forme affirmative : Sujet + ***y*** + verbe	Forme négative : Sujet + ***n'y*** + verbe + *pas / plus / jamais*
J'y vais.	*Je n'y vais pas.*

2 *DE PLUS EN PLUS / DE MOINS EN MOINS*

Pour exprimer une évolution.

Évolution qualitative	Évolution quantitative
C'est **de plus en plus** <u>difficile</u> d'y travailler. = C'est **de moins en moins** <u>facile</u> de travailler.	Nous avons **de plus en plus de** <u>travail</u>. = Nous avons **de moins en moins de** <u>temps</u> libre.
De plus en plus + adjectif *De moins en moins* + adjectif	*De plus en plus de* + nom *De moins en moins de* + nom

3 Le présent continu

Pour indiquer une action en cours.

On **est en train de** préparer un circuit.   Martine **est en train de** collecter tous les dossiers.   Nous **sommes en train de** faire les inscriptions.
Sujet + ***être en train de / d'*** + verbe à l'infinitif

4 La forme négative du passé composé

Nous **n'**avons **pas** eu beaucoup de réponses.   Nous **n'**avons **jamais** **organisé** de spectacle de magie.
Sujet + *n'* + *avoir* au présent + *pas / plus / jamais* + participe passé du verbe   Sujet + *ne / n'* + *être* au présent + *pas / plus / jamais* + participe passé du verbe

5 Le futur simple

Pour indiquer des actions futures.

Sept collègues **exposeront** leurs œuvres.
Vous **trouverez** l'affiche en pièce jointe.
Une permanence **aura** lieu le lundi 23 mai.
Juliette vous **attendra**.

Formation :   Infinitif + terminaisons : AI / AS / A / ONS / EZ / ONT

Verbes irréguliers :

Aller ➜ j'irai	Lever ➜ je lèverai
Appeler ➜ j'appellerai	Obtenir ➜ j'obtiendrai
Avoir ➜ j'aurai	Payer ➜ je paierai
Devenir ➜ je deviendrai	Pouvoir ➜ je pourrai
Devoir ➜ je devrai	Recevoir ➜ je recevrai
Envoyer ➜ j'enverrai	Savoir ➜ je saurai
Être ➜ je serai	Voir ➜ je verrai
Faire ➜ je ferai	Vouloir ➜ je voudrai

⚠ Pour les verbes en *–RE* : *je prendr~~e~~ai, je boir~~e~~ai*

6 Les pronoms COI

Pour parler de personnes et éviter des répétitions.

	Monsieur Pruet **m'**a téléphoné.
<u>Les partenaires</u> viendront en France.	Nous **leur** montrerons l'usine de Boulogne. On peut **leur** laisser une soirée de libre.
J'ai prévenu <u>le chef d'atelier</u>.	Je **lui** ai envoyé un mail la semaine dernière.

On utilise **m'** à la place de « moi », **leur** pour ne pas répéter « les partenaires », **lui** pour ne pas répéter « le chef d'atelier ».

Les pronoms COI :
– permettent d'éviter des répétitions ;
– représentent des personnes ;
– s'utilisent avec des verbes indirects (construits avec « à ») ;
Exemples : *parler, écrire, téléphoner, montrer, envoyer, donner…*
– varient en fonction des personnes.

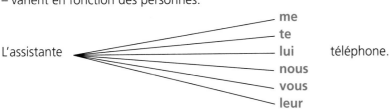

L'assistante
me
te
lui   téléphone.
nous
vous
leur

⚠ Au présent, au futur simple, au passé composé et à l'imparfait, le pronom COI se place toujours **avant** le verbe. À l'impératif, il se place **après** le verbe. Exemple : *Vous leur téléphonez.* ➜ *Téléphonez-leur !*
Me / Te deviennent **moi / toi** à l'impératif. Exemple : *Tu me téléphones.* ➜ *Téléphone-moi !*

PRONONCEZ ⊚ Mes audios ▸ 64-65-66

1. Le son [ʁ]
A. Écoutez et cochez les énoncés que vous entendez.

a.	J'arrivais	J'arriverai	
b.	Nous téléphonons	Nous téléphonerons	
c.	Vous donnez	Vous donnerez	
d.	Je parlais	Je parlerai	
e.	Nous regardons	Nous regarderons	
f.	Vous dînez	Vous dînerez	

B. Lisez les énoncés de la colonne de droite à haute voix puis répétez les paires (*j'arrivais / j'arriverai*, etc.).

C. Écoutez, lisez puis répétez la phrase suivante le plus rapidement possible.
Frédérique Durand parlera du programme à son patron et aux partenaires de son entreprise à Strasbourg.

2. Les sons [ɑ̃] et [ɔ̃]
A. Indiquez si vous entendez [ɑ̃] ou [ɔ̃] dans les syllabes soulignées.

		[ɑ̃]	[ɔ̃]
a.	Arrivée <u>Fran</u>ck		
b.	<u>Con</u>trats Mittel		
c.	Sal<u>on</u> de l'<u>em</u>ploi		
d.	<u>Ren</u>dez-vous Drucker		
e.	<u>Con</u>fé<u>ren</u>ce Man<u>on</u> Antier		

B. Écoutez et vérifiez les réponses puis lisez le programme à haute voix.

ENTRAÎNEZ-VOUS

1. Questions indiscrètes

Utilisez le pronom *y* pour répondre aux questions.

1. — Vous allez au Salon de l'informatique ?
   — Oui, nous … / Non, nous … .
2. — Est-ce que Bernard travaille dans cette entreprise ?
   — Oui, il … / Non, il … .
3. — Êtes-vous au bureau le soir ?
   — Oui, j'… / Non, je … .
4. — Est-ce que vous déjeunez à la cantine tous les jours ?
   — Oui, nous … / Non, nous … .
5. — Est-ce que les dossiers sont dans ce tiroir ?
   — Oui, ils … / Non, ils … .

2. Suite d'actions

Utilisez successivement le passé récent, le présent continu et le futur proche.

Exemple : L'entreprise (acheter) **vient d'acheter** un nouveau terrain. La direction (examiner) **est en train d'examiner** les projets. Elle (faire construire) **va faire construire** de nouveaux bâtiments.

1. Je (rédiger) le rapport. Je (préparer) des enveloppes. J' (envoyer) le courrier.
2. Florent et Sylvain (finir) leurs études. Ils (préparer) un CV. Ils (chercher) un stage.
3. Le responsable (prendre) une décision importante. Il (rédiger) une note. Il (envoyer) la note à tout le personnel.
4. Tu (présenter) le produit. Tu (répondre) aux questions. Tu (vendre) le produit.
5. Nous (faire) une étude de marché. Nous (élaborer) un nouveau produit. Nous le (lancer) sur le marché.

3. Prévisions annuelles

Conjuguez les verbes au futur simple dans le mail ci-dessous.

À	Collègues <reseau@entreprise.fr>

Ajouter un cham Cc   Ajouter un champ Ccl   Joindre un fichier   **Insérer :** Invitation

9 ▾   **B** | U̲ T▾ ᴛT▾ ☺ ∞ ⠿ ⠿ ▤ ▤ *T*ₓ « texte brut   Vérifier l'orthographe ▾

Chères collègues, chers collègues,

Voici les prévisions pour l'année prochaine.Nous (faire) construire un nouveau bâtiment. La direction commerciale (déménager). Vous (avoir) un nouveau restaurant d'entreprise. Les ingénieurs (élaborer) de nouveaux procédés. L'usine (pouvoir) produire plus. Les commerciaux (devoir) trouver de nouveaux marchés. Je (réfléchir) à d'autres stratégies. Nous (être) plus performants.

Je vous remercie de votre collaboration.
Michel Pichet

4. Travail mal fait !

Donnez les instructions à votre assistant.

Exemple : Vous n'avez pas donné les dossiers aux assistantes. ➜ **Donnez-leur les dossiers !**

1. Vous ne m'avez pas communiqué la date de la réunion.
2. Vous n'avez pas écrit aux clients.
3. Vous n'avez pas répondu à la commerciale.
4. Vous n'avez pas téléphoné à M. et Mme Grison.
5. Vous ne m'avez pas dit à quelle heure vous venez.
6. Vous ne nous avez pas parlé de ce problème.

TESTEZ-VOUS Mes audios ▶ 67-68

1. Ça se passe où ?

Écoutez ces brèves communications et dites dans quel lieu on peut les entendre. Cochez la bonne réponse.

Lieu	Situation 1	Situation 2	Situation 3	Situation 4	Situation 5	Situation 6
Un bureau	○	○	○	○	○	○
Une salle de réunion	○	○	○	○	○	○
Une exposition	○	○	○	○	○	○
Une bibliothèque	○	○	○	○	○	○
Une salle de spectacle	○	○	○	○	○	○
Un aéroport	○	○	○	○	○	○

2. Une entreprise où il fait bon vivre

Écoutez l'interview et cochez la bonne réponse.

	Vrai	Faux	On ne sait pas
1. Le secteur d'activité de l'entreprise est la distribution.			
2. Les salariés peuvent utiliser la cuisine pour fêter un anniversaire.			
3. On peut discuter du salaire ou demander une formation.			
4. Des cours de gymnastique sont organisés dans les locaux.			
5. Les réunions de travail ont toujours lieu en France.			

3. Une sortie

Vous effectuez un séjour professionnel en France. Vous décidez d'aller visiter le musée Rodin pendant votre temps libre. Lisez le document et cochez la bonne réponse.

LE MUSÉE RODIN

Au cœur de Paris, proche des Invalides, le musée Rodin présente l'œuvre du plus célèbre des sculpteurs du XIX⁺ siècle. Découvrez cette collection unique de sculptures présentée dans l'hôtel Biron, prestigieux hôtel particulier du XVIII⁺ siècle qui a été la demeure de l'artiste et venez vous promener dans son parc à la française, véritable havre de paix et de beauté.

HORAIRES
> Ouvert tous les jours sauf le lundi
Ouverture du musée, du jardin et de la boutique : de 10 h à 17 h 45
Dernière entrée à 17 h 15
Du 1er octobre au 31 mars, le jardin ferme à 17 h
Visitez le musée en nocturne tous les mercredis jusqu'à 20 h 45
Le musée est fermé le 1er janvier, le 1er mai et le 25 décembre

ACCÈS
> Métro : ligne 13, station Varenne   Bus : 69, 82, 87, 92
RER : ligne C, station Invalides   Vélib : station de vélos, 9 bd des Invalides

GRATUIT
> Les collections permanentes du musée sont gratuites le premier dimanche du mois.

	Vrai	Faux	On ne sait pas
1. On peut visiter le musée le lundi.			
2. Le musée est situé à proximité de Paris.			
3. Rodin est un sculpteur.			
4. En hiver, le jardin ferme à 17 h.			
5. On peut visiter le musée jusqu'à 20 h 45 une fois par mois.			
6. Il y a trois moyens de transport en commun pour aller au musée.			
7. On peut visiter le musée avec un audio-guide en sept langues.			
8. La visite est gratuite une fois par mois pour tous les visiteurs.			

◉ **Mon portfolio** ▶ Unité 9

Repères culturels

Être **heureux** au **travail**

1. Testez votre motivation au travail. Cochez l'énoncé qui vous convient.

1 Qu'est-ce qui vous motive le plus au travail ?
- **a.** avoir une bonne ambiance ☐
- **b.** être autonome ☐
- **c.** gagner un bon salaire ☐
- **d.** avoir des responsabilités ☐
- **e.** avoir des possibilités d'évolution ☐

2 Quels avantages avez-vous ou souhaitez-vous avoir dans votre entreprise ?
- **a.** un beau cadre de travail avec un endroit convivial pour vos repas et vos pauses ☐
- **b.** une grande flexibilité horaire ☐
- **c.** des outils de travail performants et à la pointe de la technologie ☐
- **d.** des primes et des bonus intéressants ☐
- **e.** des activités culturelles et sportives ☐

3 Qu'est-ce qui peut vous démotiver au travail ?
- **a.** les compétitions entre collègues ☐
- **b.** la routine, faire toujours la même chose ☐
- **c.** le manque de sécurité de votre poste ☐
- **d.** le contenu des projets ☐
- **e.** le sentiment qu'on n'utilise pas bien vos compétences ☐

4 Quelle situation peut vous rendre plus heureux au travail ?
- **a.** une fête organisée pour vous par vos collègues pour un événement spécial ☐
- **b.** pouvoir voyager pour votre travail ☐
- **c.** une grosse augmentation de salaire ☐
- **d.** avoir la reconnaissance de vos supérieurs / collègues pour vos idées ☐
- **e.** avoir un pouvoir de décision ☐

2. Lisez les résultats d'un sondage fait auprès d'un échantillon de Français.

Quel est le premier élément qui importe pour vous au travail ?

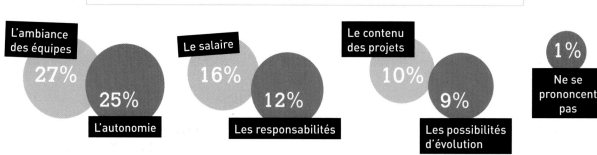

Pour être bien au travail, les Français interrogés privilégient la bonne ambiance au travail.

↘ **Comparez vos réponses au test avec le sondage. Qu'est-ce que vous pensez des réponses des Français ? Comment ça se passe dans votre entreprise / dans votre pays ?**

Bien rédiger une lettre professionnelle

1. Lisez la lettre et faites correspondre chaque partie numérotée à l'énoncé qui convient.

CAPFORMEPLUS
58 rue Gambetta
31100 Toulouse
www.capformeplus.fr (1)

Vos réf : v/ demande du 12 mars (2)
Nos réf : NA / AB (3)

(4) Comité d'entreprise de la société Turbolex
82 avenue Champollion
31100 Toulouse

(5) Toulouse, le 15 mars …

Objet : offre d'abonnement (6)

Messieurs, (7)
Nous avons bien reçu votre demande de renseignements et vous remercions de votre confiance. (8)

Nous avons le plaisir de vous informer que nous pouvons proposer au personnel de votre société un abonnement de 26 € par mois.
Vos collaborateurs pourront pratiquer leurs activités préférées (musculation, danse, yoga, taï chi, aqua-gym, hammam…) dans d'excellentes conditions. (9)

Notre centre de remise en forme est ouvert de 8 h à 22 h sans interruption, 7 jours/7. Nos professeurs dynamiques et compétents vous attendent.
Nous restons à votre disposition pour tout renseignement complémentaire. (10)
Nous vous prions d'agréer, Messieurs, nos salutations distinguées. (11)

La directrice du centre

Annie Bluet (12)

SARL au capital de 110 000 euros – RCS Toulouse B 403 197 590

a. Signataire : signature de celui qui écrit, son nom, sa fonction
b. Formule de politesse
c. Motif de la lettre
d Identification de la lettre qu'on a reçue
e. Introduction
f. Nom et adresse du destinataire

g. Conclusion
h. Identification de la lettre qu'on écrit
i. Développement
j. Lieu et date d'expédition
k. Titre de civilité
l. Nom et adresse de l'expéditeur

2. À la suite de la lecture de cette lettre, rédigez la note d'information adressée au personnel de la société Turbolex par le comité d'entreprise.

Réglez les problèmes !

A2

Pour être **capable**

〉 de suivre des instructions
  sur une boîte vocale
〉 d'effectuer des opérations
  bancaires simples
〉 d'échanger sur un problème
〉 de raconter brièvement
  un événement
〉 de rédiger une lettre de réclamation
  simple
〉 de faire une déclaration orale
  ou écrite suite à un vol

Vous allez **apprendre à**

〉 comprendre et fournir
  des renseignements bancaires
〉 nommer les parties du corps
  et décrire des symptômes
〉 décrire les problèmes d'un appareil
〉 indiquer comment manipuler
  un appareil
〉 décrire une personne
〉 raconter un événement

Vous allez **utiliser**

〉 le conditionnel de politesse
  (demande polie, souhait, désir)
〉 le pronom *en*
〉 le gérondif (sensibilisation)
〉 le pronom démonstratif *ça*
〉 le passé composé et l'imparfait

 Pensez à consulter Mon lexique

A Je voudrais ouvrir un compte

1 Écoutez  Mes audios ▸ 69

Agro banque bonjour. Appuyez sur la touche « étoile » de votre appareil. Si vous disposez d'un numéro de client, tapez 1, sinon faites le 2. Merci de patienter quelques instants, un télé-conseiller va donner suite à votre appel.

Le télé-conseiller :	Agro banque, bonjour. Laurent Bertier à votre service.
La cliente :	Bonjour monsieur. Je viens d'arriver en France et je souhaiterais ouvrir un compte. Pourriez-vous me renseigner ?
Le télé-conseiller :	Oui, bien sûr ! Pour ouvrir un compte, il faut prendre rendez-vous avec un conseiller clientèle en appelant au 0 800 453 900 et venir avec une pièce d'identité et un justificatif de domicile.
La cliente :	Un « justificatif de domicile » ? C'est quoi ?
Le télé-conseiller :	C'est un document qui montre que vous habitez bien à votre adresse.
La cliente :	Ah ! D'accord, je comprends. C'est par exemple, une quittance de loyer, une facture d'électricité ou de téléphone fixe ?
Le télé-conseiller :	Oui, c'est ça !
La cliente :	Très bien ! Et… Mon employeur me demande un RIB pour payer mon salaire. Qu'est-ce que c'est un RIB ?
Le télé-conseiller :	C'est un relevé d'identité bancaire. Il permet de communiquer vos coordonnées bancaires et de faire un virement ou un prélèvement automatique sur votre compte. Vous le trouverez dans votre carnet de chèques.
La cliente :	D'accord ! Et dernière question… J'aimerais aussi consulter mes comptes sur Internet, c'est gratuit ?
Le télé-conseiller :	Bien sûr ! Et vous aurez un code pour ça.
La cliente :	Très bien. Merci, monsieur. Au revoir !

2 Réagissez

Cochez les documents à fournir pour l'ouverture d'un compte bancaire.

▸ DOCUMENTS À FOURNIR POUR L'OUVERTURE D'UN COMPTE BANCAIRE :

- Un bulletin de salaire ○
- Un contrat de travail ○
- Une pièce d'identité ○
- Une facture de téléphone fixe ○
- Une facture d'électricité ○
- Une photo d'identité ○
- Un relevé d'identité bancaire ○

3 Retenez

Les consignes des boîtes vocales :
Appuyez sur la touche étoile (*) / dièse (#).
Faites le 1.
Tapez 1.
Merci de patienter.

La banque
une banque • un carnet • un chèque •
un code • un compte bancaire • consulter • un crédit /
créditer • un débit / débiter • un règlement / régler •
un relevé • un retrait / retirer • un virement / virer

Pour exprimer le désir / le souhait
et demander poliment :
Je souhaiterais / J'aimerais ouvrir un compte.
Pourriez-vous me renseigner ?

Les opérations bancaires
ouvrir un compte
faire un virement
effectuer un prélèvement
consulter ses comptes

4 Passez à l'action

Quelle carte choisir ?
Vous travaillez en France et vous voulez avoir une carte bancaire.
Vous lisez le dépliant ci-dessous et vous notez les précisions et les informations
que vous souhaiteriez avoir puis vous rencontrez un conseiller clientèle.

Le / La conseiller(ère) clientèle

- accueille le / la client(e) ;
- pose des questions sur les besoins du client ;
- répond aux questions du client et apporte des précisions sur les différentes possibilités de cartes.

Vous

- décrivez vos besoins ;
- posez des questions sur des informations du dépliant ;
- indiquez votre choix.

AGRO BANQUE vous propose ses différentes cartes bancaires

La carte Agro Plus

Vous pouvez retirer de l'argent dans tous les distributeurs du réseau Carte Bleue (CB) en France et VISA à l'étranger, jusqu'à 300 € sur 7 jours. Vous pouvez consulter vos comptes, 24 heures sur 24 et 7 jours sur 7.

La carte bleue nationale

Vous pouvez retirer jusqu'à 300 € sur 7 jours en France et vous pouvez régler vos achats chez tous les commerçants de France.

La carte Visa

Vous pouvez retirer des espèces jusqu'à 500 € sur 7 jours dans les distributeurs automatiques et régler vos achats jusqu'à 2 500 € sur une période de 30 jours.

La carte Premier

Vous pouvez retirer en France et à l'étranger jusqu'à 2 000 € sur 7 jours dans les distributeurs. Pour vos règlements chez les commerçants dans le monde entier, vous disposez d'un montant personnalisé de 600 € à 150 000 € sur 30 jours.

 Mes vidéos ▸ L'accueil téléphonique

B Vous avez mal où ?

Mes audios ▸ 70

Le médecin :	Mme Couvreur ?
La patiente :	Oui, bonjour, docteur.
Le médecin :	Bonjour, madame. Entrez !
Le médecin :	Alors, qu'est-ce qui vous arrive ?
La patiente :	J'ai très mal à la gorge et aux oreilles depuis 3 jours.
Le médecin :	Vous avez de la fièvre ?
La patiente :	Non, mais je suis très fatiguée.
Le médecin :	Et vous toussez ?
La patiente :	Non, mais ça fait très mal quand j'avale.
Le médecin :	Bon, je vais vous ausculter. Ouvrez la bouche… Ah ! Vous avez une angine. Je vais faire un prélèvement dans votre gorge pour faire un test rapide… Et je vais examiner vos oreilles… Bon… C'est bien, vous n'avez pas d'otite.

Quelques minutes après…

Le médecin :	Bon, d'après le test, vous n'avez pas besoin d'antibiotiques. Je vais vous donner un anti-inflammatoire. Ce sont des comprimés, vous en prendrez 6 par jour.
La patiente :	Je dois en prendre pendant combien de jours ?
Le médecin :	Pendant 6 jours et je vous prescris aussi du sirop pour la gorge. Vous en prendrez 3 cuillères à soupe par jour. Voici votre ordonnance.

Mes Docs ▸ Les français et la santé

2 Réagissez

Le médecin remplit la fiche de sa patiente.
Cochez les informations qui correspondent à la situation.

LES SYMPTÔMES				LA MALADIE		LE TRAITEMENT	
La patiente a mal :		La patiente :		La patiente a :		Le médecin prescrit :	
à la tête.	☐	a de la fièvre.	☐	une otite.	☐	des antibiotiques.	☐
à l'estomac.	☐	est fatiguée.	☐	une grippe.	☐	un anti-inflammatoire.	☐
aux oreilles.	☐	dort mal.	☐	une angine.	☐	des pastilles.	☐
aux yeux.	☐	tousse.	☐	une bronchite.	☐	une pommade.	☐
à la gorge.	☐	vomit.	☐	un rhume.	☐	un sirop.	☐

3 Retenez

Les parties du corps (1)
le visage

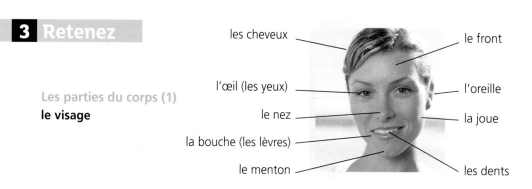

les cheveux — le front — l'œil (les yeux) — l'oreille — le nez — la joue — la bouche (les lèvres) — le menton — les dents

Les parties du corps (2)
le corps

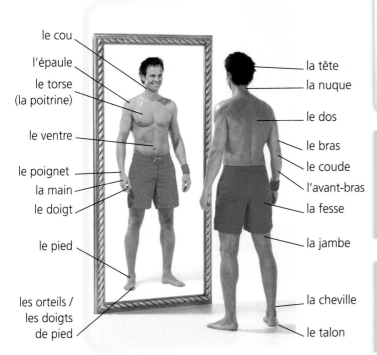

le cou
l'épaule
le torse (la poitrine)
le ventre
le poignet
la main
le doigt
le pied
les orteils / les doigts de pied

la tête
la nuque
le dos
le bras
le coude
l'avant-bras
la fesse
la jambe
la cheville
le talon

Pour décrire des symptômes ou la raison d'une visite chez le médecin :
J'ai mal à la tête / au cou / à la gorge / aux oreilles / aux dents / aux pieds.
J'ai de la fièvre.
Je tousse.
Je dors mal.
Je suis très fatigué(e).
Je vomis.
Je me suis blessé(e) à la jambe, au bras.

Le vocabulaire médical
une angine ● un antibiotique ● un anti-inflammatoire ● ausculter ● se blesser ● une blessure ● un comprimé ● examiner ● la fièvre ● un mal ● une ordonnance ● une otite ● un prélèvement ● prescrire ● saigner ● un sirop ● tousser

Les spécialistes courants
un(e) chirurgien(ne) ● un(e) dentiste ●
un(e) dermatologue ● un(e) gynécologue ●
un(e) ophtalmologue ● un(e) oto-rhino(-laryngologiste) ●
● un(e) pédiatre ● un(e) kinésithérapeute

4 Passez à l'action

Vite à la pharmacie !
1. **Vous n'allez pas bien et vous allez à la pharmacie. Vous dites ce que vous avez et vous demandez conseil au pharmacien. Le pharmacien vous pose des questions et vous conseille.**

Vous :
– décrivez vos symptômes ;
– demandez des précisions sur les produits et sur la posologie.

Le pharmacien :
– demande des précisions sur les symptômes ;
– propose quelque chose en fonction des symptômes ;
– précise la quantité et la fréquence pour la prise des produits.

Un arrêt maladie.
2. **Vous ne vous sentez pas bien et vous ne pouvez pas aller travailler.
Vous envoyez un mail à un(e) proche collaborateur(trice) pour lui expliquer la situation et lui dire combien de temps vous serez absent(e).**

C C'est encore en panne !

Le dépanneur :	Bonjour, monsieur, c'est pour la photocopieuse en panne.
Un employé :	Ah ! Bonjour ! C'est par ici.
Le dépanneur :	Bon alors, quel est le problème ?
Un employé :	D'abord, il y a des taches bizarres sur les photocopies. Ensuite, quelquefois le voyant rouge clignote et, quand on appuie sur le bouton vert, ça ne marche pas. Mais j'ai trouvé la solution, j'éteins tout et je remets la photocopieuse en marche en appuyant sur le bouton marche/arrêt.
Le dépanneur :	Ah bon, et ça fonctionne ?
Un employé :	Oui.
Le dépanneur :	Vous avez d'autres problèmes encore ?
Un employé :	Oui, parfois elle fait un drôle de bruit et le papier est souvent coincé.
Le dépanneur :	Bien, je vais voir ça.

2 Réagissez

Vous êtes le technicien, complétez votre fiche d'intervention. Cochez les symptômes de la panne.

PHOTOCOP®   Service après-vente

Fiche d'intervention :
Date : 15 /09
Code intervention : 56B23
Agent n° : 126

Description de la panne :
photocopies ☐ trop claires   ☐ trop foncées
☐ taches sur les photocopies   ☐ bruit anormal   ☐ bourrage papier   ☐ réservoir d'encre bouché
☐ court-circuit   ☐ autres :

Description de la réparation : Démontage et remplacement des pièces défectueuses. Réglage. Nettoyage.

                                        Nos réparations sont garanties six mois.

---

3 Retenez

Pour indiquer les problèmes d'un appareil / d'une machine :
La photocopieuse est en panne.
Il y a des taches bizarres.
Le voyant rouge clignote.
Ça ne marche / fonctionne pas.
Elle fait un drôle de bruit.
Le papier est souvent coincé.

Pour indiquer comment manipuler un appareil :
On appuie sur le bouton vert.
J'éteins la machine.
Je (re)mets la machine en marche.

Les machines et les appareils
allumer • un bouton • un bruit • clignoter • éteindre • fonctionner • marcher • une panne • une photocopie • une photocopieuse / un photocopieur • un voyant

4 Passez à l'action

 Comment ça marche ?

1. **Un stagiaire francophone vient d'arriver dans votre service.
Expliquez-lui comment fonctionne la photocopieuse.**

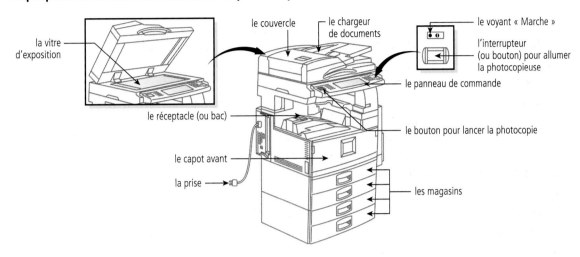

la vitre d'exposition
le couvercle
le chargeur de documents
le voyant « Marche »
l'interrupteur (ou bouton) pour allumer la photocopieuse
le panneau de commande
le réceptacle (ou bac)
le bouton pour lancer la photocopie
le capot avant
la prise
les magasins

 Encore en panne !

2. **Votre téléphone portable ne fonctionne pas bien. Vous vous rendez au service après-vente et vous expliquez votre problème. Le vendeur vous pose des questions et complète la fiche ci-contre.**

Coupon service après-vente

Nom : .... Prénom : ....

Adresse : .... Tél. bureau / domicile : ....

Motif de retour du portable :

Ne s'allume pas ○   Micro / Haut parleur défectueux ○

Pas d'affichage ○   Problème de batterie ○

Pas de réception ○   Autre, précisez : ....

Pas d'émission ○

L'appareil est-il encore sous garantie ?   Oui ○   Non ○

Une lettre de réclamation.

3. **Vous avez acheté un appareil (ordinateur / imprimante / appareil photo / télévision…) sur Internet mais il est tombé en panne. Complétez la lettre de réclamation.**

(Vos prénom et nom)
(Votre adresse)

(Nom du destinataire)
(Adresse)
(Date)

Objet : appareil défectueux sous garantie
PJ : bon de garantie

Madame, Monsieur,
J'ai acheté sur votre site Internet le (date) un (indiquer l'appareil).
Cet appareil sous garantie est tombé en panne le (date).
Les anomalies sont les suivantes : (description des anomalies).

Vous trouverez ci-joint une photocopie du bon de garantie.
Je vous prie de bien vouloir procéder à la réparation gratuite de l'appareil dans les meilleurs délais.

Veuillez agréer, Madame, Monsieur, mes salutations distinguées.

D Déclaration de vol

Mes audios ▶ 72

Le policier :	Madame ?
Mme Pinaud :	Bonjour, monsieur, on m'a volé mon sac alors je voudrais faire une déclaration de vol.
Le policier :	D'accord. Ça s'est passé quand ?
Mme Pinaud :	Hier, vers 17 heures.
Le policier :	Où ?
Mme Pinaud :	Devant la gare.
Le policier :	Et comment ça s'est passé ?
Mme Pinaud :	J'étais avec mon ami et nous attendions un taxi. J'avais mon sac à l'épaule. À un moment, un homme est passé devant moi et il l'a arraché, puis il s'est enfui en courant.
Le policier :	Je vois… Vous pouvez le décrire ?
Mme Pinaud :	Oui, il était grand et fort et avait des cheveux blonds et bouclés. Il portait des vêtements de sport. Nous avons couru après lui mais l'homme a disparu.
Le policier :	Vous pouvez décrire votre sac et son contenu ?
Mme Pinaud :	C'est un petit sac noir en cuir. Il contenait mes papiers, mon portefeuille avec un peu d'argent et ma carte bancaire.
Le policier :	Ah ! Ça, c'est ennuyeux ! Vous avez fait opposition à la banque ?
Mme Pinaud :	Non, pas encore.
Le policier :	Alors, vous devez le faire rapidement !

2 Réagissez

Vous êtes l'ami de Mme Pinaud.

1. **Choisissez les dessins qui correspondent à la scène et mettez-les dans l'ordre.**

a.

b.

c.

d.

e.

f.

g.

h.

2. **Faites la liste du contenu du sac.**

3 Retenez

Pour raconter :
Hier, devant la gare, j'**attendais** un taxi et j'**avais** mon sac à l'épaule.
À un moment, un homme **est passé** devant moi et il l'**a arraché**,
puis il **s'est enfui** en courant.

(→ voir Outils linguistiques 5. p. 167)

Pour décrire une personne :
Il est / était **grand** et **fort**.
Il a / avait des cheveux **blonds** et **bouclés**.
Il porte / portait **des vêtements de sport**.

Pour décrire un objet :
La taille : C'est / C'était un **petit** sac.
La couleur : C'est / C'était un petit sac **noir**.
La matière : C'est / C'était un petit sac noir **en cuir** / **en tissu**.
Le contenu : Il **contient** / **contenait** mes papiers.

Les couleurs

bleu   rouge   vert   jaune   rose

violet   orange   noir   blanc   gris

4 Passez à l'action

Un vol.
1. **On vous a volé votre téléphone,
votre ordinateur ou votre tablette
numérique, vous allez au commissariat.
Vous expliquez comment on vous a volé
votre appareil et vous le décrivez.**

Une déclaration de sinistre.
2. **Vous avez été victime d'un sinistre
(accident, vol, fuite d'eau, incendie…).
Écrivez une lettre de déclaration
de sinistre à votre assurance à partir
du modèle ci-contre.**

(Vos prénom et nom)
(Votre adresse)   (Nom du destinataire)
                                   (Adresse)
                                   (Date)

Objet : déclaration de sinistre
N° d'assuré :

Madame, Monsieur,
Je souhaite vous informer d'un (sinistre : accident, vol,
fuite d'eau…) qui est survenu le (date) à (lieu).
(Indiquer les circonstances et les détails du sinistre.)
Je vous prie de bien vouloir prendre les dispositions
prévues par le contrat d'assurance.
Je reste à votre disposition pour tout renseignement
complémentaire.

Dans l'attente de votre réponse, je vous prie d'agréer,
Madame, Monsieur, mes salutations distinguées.

OUTILS LINGUISTIQUES

1 Le conditionnel de politesse

Pour exprimer une demande / un souhait.

J'<u>aimer</u>**ais** ouvrir un compte. / Elle <u>aimer</u>**ait** ouvrir un compte. Je <u>souhaiter</u>**ais** consulter mes comptes. / Nous <u>souhaiter</u>**ions** consulter nos comptes.
Présent du conditionnel : Infinitif + terminaisons de l'imparfait (ais / ais / ait / ions / iez / aient)

Les verbes irréguliers du conditionnel sont les mêmes que les verbes irréguliers du futur simple avec des terminaisons différentes.

Futur simple	Présent du conditionnel
Être ➜ je **serai**	je se**rais** / il se**rait** / nous se**rions**
Avoir ➜ tu **auras**	tu au**rais** / vous se**riez** / ils au**raient**
Aller ➜ il **ira**	j'i**rais** / vous i**riez** / ils i**raient**
Vouloir ➜ nous **voudr**ons	nous voud**rions** / je voud**rais** / elle voud**rait**
Pouvoir ➜ vous **pourr**ez	vous pour**riez** / tu pour**rais** / elles pour**raient**

2 Le pronom *EN*

Pour éviter la répétition.

Je vous donne <u>des comprimés</u>, vous **en** prendrez 6 par jour. Je vous prescris aussi <u>du sirop pour la gorge</u>. Vous **en** prendrez **3 cuillères** à soupe par jour.
Le pronom *en* remplace un nom précédé d'un article défini (*un, une, des*) ou d'un partitif (*du, de la, de l', des*). Avec les quantités, on utilise *en* et on répète la quantité après le verbe.

3 Le gérondif

Pour expliquer la manière / la façon de faire.

Il faut prendre rendez-vous avec un conseiller	**en appelant** au 05 45 67 32 23.
Je remets la photocopieuse en marche	**en appuyant** sur le bouton marche / arrêt.
	En + participe présent

Pour former le participe présent :

Appeler	nous **appel**ons	en appel**ant**
Appuyer	nous **appuy**ons	en appuy**ant**
Faire	nous **fais**ons	en fais**ant**
Base du verbe avec « nous » au présent + ***ant***		

Verbes irréguliers :

Être ➜ en **étant**

Avoir ➜ en **ayant**

Savoir ➜ en **sachant**

4 Le pronom démonstratif *ÇA*

Pour éviter les répétitions, pour remplacer un groupe de mots.

Ça ne marche pas ! ➔ La machine et les boutons ne marchent pas.

Je vais voir ça. ➔ Je vais voir quels sont les problèmes de la machine.

Vous aurez un code pour ça. ➔ Un code pour consulter vos comptes sur Internet.

Ça remplace un groupe de mots qui indique une action, une situation ou un objet.

⚠ **Ça est neutre.**
Dans le langage soutenu : ***ça = cela.***

---

5 Le passé composé et l'imparfait

Pour raconter.

J'**attendais** un taxi et j'**avais** mon sac à l'épaule. À un moment, un homme l'**a arraché** et **s'est enfui**.
Il **était** grand et fort.

J'**attendais** un taxi. J'**avais** mon sac à l'épaule. Il **était** grand et fort.	Un homme l'**a arraché**. Il **s'est enfui**.
Les circonstances à l'imparfait : – actions en cours ; – description du temps, des objets, des personnes au moment de l'événement.	**Les événements au passé composé**.

PRONONCEZ ⊙ Mes audios ▸ 73-74-75

1. Opposition des sons [p] et [b]

a. **Écoutez et dites si vous entendez [p] ou [b].**

b. **Numérotez les énoncés dans l'ordre
où vous les entendez.**

◯ Pas de problème !
◯ Parlez après le bip !
◯ Mon employeur a besoin d'un RIB.
◯ Prenez des espèces à la banque.
◯ Faites opposition à la banque.
◯ Il y a des symptômes bizarres.
◯ Mon beau portable est bien en panne.

c. **Réécoutez et répétez les énoncés.**

2. Le son [v]

**Écoutez et prononcez correctement
le son [v] dans les énoncés suivants.**

a. **V**éronique a besoin d'un antibiotique.
b. Her**v**é n'arrive pas à a**v**aler.
c. **V**alérie a des boutons sur le **v**isage.
d. **V**ictor a mal au **v**entre.
e. **V**alentin **v**oit mal.
f. Y**v**an a de la fiè**v**re.

ENTRAÎNEZ-VOUS

1. Bienvenue à la banque

a) Conjuguez les verbes au conditionnel pour exprimer les souhaits.

1. Je (souhaiter) voir un conseiller, s'il vous plaît.
2. M. et Mme Dumont (vouloir) ouvrir un compte.
3. Mlle Jacot (être) intéressée par une carte de crédit.
4. Je (avoir) besoin d'un crédit, s'il vous plaît.
5. Tu (aimer) consulter tes comptes sur Internet.
6. Vous (vouloir) déposer de l'argent ?

b) Exprimez poliment votre demande (variez les formules), pour obtenir :

1. un rendez-vous avec le conseiller.
2. un relevé de compte.
3. un carnet de chèques.
4. le solde de votre compte.
5. les horaires d'ouverture.
6. un RIB.

2. Sondage santé

Répondez au questionnaire sur la santé. Utilisez le pronom *en*.

Questionnaire EuroSanté ⊕   Sexe : M ☐ F ☐   Âge : .... ans   Nationalité : ....

1. Vous avez des enfants ? *Oui, j'en ai trois. / Non, je n'en ai pas.*
2. Si non, souhaitez-vous avoir des enfants ?
3. Combien de visites chez le médecin faites-vous par an ?
4. Avez-vous des problèmes de santé ?
5. Prenez-vous des médicaments particuliers ?
6. Faites-vous du sport ?
7. Consultez-vous souvent des spécialistes ?
8. Combien de jours d'arrêt maladie avez-vous pris cette année ?
9. Vous avez subi combien d'opérations ?
10. Combien y a-t-il d'hôpitaux dans votre ville ?

EuroSanté ⊕ vous remercie de votre participation.

3. Suivez le guide !

Expliquez le fonctionnement d'un ordinateur en transformant les phrases.

Exemple : Mettez l'ordinateur en marche / appuyez sur le bouton marche/arrêt.
Mettez l'ordinateur en marche **en appuyant** sur le bouton marche/arrêt.

1. Éditez votre document / cliquez sur « imprimer ».
2. Supprimez un mot / sélectionnez-le.
3. Transférez une partie d'un texte / faites un « copier-coller ».
4. Recherchez une information / allez sur Internet.
5. Présentez votre texte différemment / choisissez une autre police de caractères.
6. Protégez votre session / saisissez votre code secret.
7. Accédez à vos courriels / ouvrez votre messagerie.

4. Série noire

Transformez les témoignages au passé. Utilisez le passé composé et l'imparfait.

1. Je rentre d'un séminaire. Je suis sur la nationale 10. Il fait nuit et il pleut alors, je ne roule pas vite. Au carrefour, je vois une voiture qui arrive à toute vitesse. J'essaye d'éviter l'accident, mais je ne peux pas m'arrêter.

2. Je suis au Café de la gare avec une collègue. Nous attendons l'heure de départ du train et nous lisons le journal. Ma valise et mon sac avec mon ordinateur portable sont par terre à côté de moi. Soudain, ma collègue crie et je vois un homme s'enfuir avec mon sac. Je cours mais je ne le rattrape pas !

3. Nous sommes en réunion et il fait très chaud. Jacques explique les derniers résultats de l'entreprise et nous écoutons avec attention. Tout à coup, il fait un malaise et il tombe par terre. J'appelle les pompiers et ils transportent notre collègue à l'hôpital.

TESTEZ-VOUS Mes audios ▸ 76-77

1. Des boîtes vocales

Écoutez les boîtes vocales et notez le numéro
du message qui correspond à l'objet de l'appel.
Puis reliez par une flèche ce que vous devez faire
pour obtenir l'information.

N° du message	Vous appelez pour :	Vous devez :
…	A. Connaître la liste des films.	a. Prononcer un mot.
…	B. Consulter vos comptes.	b. Appeler un autre numéro.
1	C. Faire une inscription.	c. Appuyer sur la touche 1.
…	D. Acheter un billet.	d. Composer un code spécial.
…	E. Expliquer un problème sur un appareil.	e. Retéléphoner plus tard.
…	F. Prendre rendez-vous.	f. Faire le 2.

2. Vous avez la solution !

Lisez la lettre et cochez la bonne réponse.

1. La lettre est envoyée par
   a. ◯ une banque.
   b. ◯ une entreprise de travaux.
   c. ◯ un concessionnaire automobile.

2. On vous propose
   a. ◯ d'acheter une voiture ou une maison.
   b. ◯ d'effectuer des travaux.
   c. ◯ de prendre un crédit.

3. Vous pouvez
   a. ◯ choisir votre voiture en vous connectant.
   b. ◯ contacter un architecte en téléphonant.
   c. ◯ obtenir un crédit en complétant un imprimé.

> Madame, Monsieur,
>
> Vous voulez changer de voiture, faire des travaux dans
> votre maison ou réaliser un projet personnel ?
> N'hésitez pas, avec le prêt Créditplus, vous avez la solution !
> Vous bénéficiez d'un crédit adapté pour chaque type
> d'utilisation et à des taux très compétitifs.
> Pour effectuer votre demande de prêt, c'est très facile :
> – par courrier en retournant la demande ci-jointe
>   complétée et signée,
> – par téléphone en appelant le 0 856 026 002,
> – par Internet en vous connectant sur notre site
>   www.creditplus.fr avec votre code client.
>
> La somme est virée sous 48 heures sur votre compte
> bancaire.
>
> Nous vous remercions de votre confiance.
>
> Michel Labbé
> Directeur de la clientèle

3. Sous garantie

Écoutez le dialogue et complétez la fiche de réclamation.

FICHE DE RÉCLAMATION

Nom du client :	Modèle :
Motif de la réclamation :	Sous garantie : ● oui ● non
Type d'appareil :	Description du problème :
	Délai de réparation :

◉ Mon portfolio ▸ Unité 10

Repères culturels

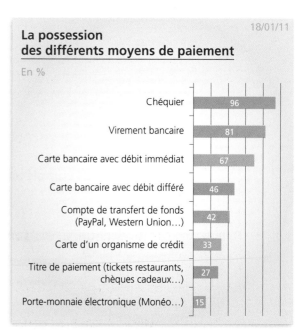

Les Français et les moyens de paiement

↘ **Quels sont les moyens de paiement utilisés dans votre pays ?**
Et vous, quels moyens de paiement utilisez-vous dans les cas suivants ?
– Vous achetez un journal, un billet de train, un billet d'avion, un réfrigérateur, une voiture.
– Vous payez une consultation chez le médecin, une facture d'électricité, un loyer, une note d'hôtel, une addition dans un bar, une place de parking, des achats dans un supermarché, de l'essence.

96 % des Français ont un chéquier, 81 % utilisent les virements bancaires et 56 % ont une carte bancaire.

• Pour payer leurs achats courants, les Français utilisent des **espèces** (les **billets de banque** et les **pièces de monnaie**), le **chèque** ou la **carte de crédit** . Le **virement bancaire** et la carte de crédit occupent une place importante dans les habitudes des Français par rapport aux moyens plus récents, comme les comptes de **transfert de fonds** (type Paypal et Western Union) ou le **porte-monnaie électronique** .
• Chez les commerçants, les Français payent par chèque, espèces, **carte bancaire** ou quand cela est possible, en **chèques cadeaux** , **tickets restaurants** , **chèques vacances** . Le commerçant peut refuser le paiement par chèque ou ne pas l'accepter en dessous d'une somme minimum.

• Pour les gros achats comme de l'électroménager, on peut utiliser les **prélèvements automatiques** si on paye en plusieurs fois mais parfois on peut aussi payer en faisant plusieurs chèques. Une pièce d'identité est toujours demandée.
• En général, on paye les places de parking ou le péage des autoroutes par carte bancaire ou en espèces mais pas par chèque.
• Pour les transports en commun, on achète les billets aux guichets (on paye en CB, espèces ou chèque), aux distributeurs automatiques (on paye en CB ou espèces) ou encore par Internet (on paye en CB).
• La consultation chez le médecin est souvent payée par chèque.
• Enfin, les salaires sont en général payés par virement bancaire par les employeurs qui demandent un RIB à l'employé.

↘ **Observez le graphique et comparez les moyens de paiement utilisés par les Français avec ceux utilisés dans votre pays.**

La possession des différents moyens de paiement   18/01/11

En %

Chéquier	96
Virement bancaire	81
Carte bancaire avec débit immédiat	67
Carte bancaire avec débit différé	46
Compte de transfert de fonds (PayPal, Western Union…)	42
Carte d'un organisme de crédit	33
Titre de paiement (tickets restaurants, chèques cadeaux…)	27
Porte-monnaie électronique (Monéo…)	15

Source : Ifop pour Wincor Nixdorf

Les **messageries** téléphoniques **professionnelles**

↘ **Avez-vous un message d'accueil ou un serveur vocal dans votre entreprise ? Qu'est-ce qu'il annonce ? Dans votre pays, quel type d'entreprise utilise les serveurs vocaux ? Obtenez-vous facilement les renseignements que vous souhaitez ? Que pensez-vous de l'emploi de plus en plus fréquent des serveurs vocaux ?**

1. **Écoutez les messages suivants.**  Mes audios ▸ 78

1. Le message sur serveur vocal

Société Gerec, bonjour.
Appuyez sur la touche « étoile » de votre appareil.
Pour une commande, tapez 1, pour le service après-vente, faites le 2, sinon faites le 3.
Merci de patienter quelques instants, un télé-conseiller va donner suite à votre appel.

2. Les messages d'accueil ou d'attente

a. Pour accueillir et faire patienter un correspondant.
Assureplus, bonjour, ne quittez pas, un télé-conseiller va vous répondre dans quelques instants, merci de patienter.

b. Pour faire patienter un correspondant et utiliser le temps d'attente pour donner des informations.
Réparevite va donner suite à votre appel et vous prie de bien vouloir patienter quelques instants,
Notre service clientèle est à votre disposition tous les jours du lundi au vendredi de 9 h à 12 h et de 14 h à 18 h 30, le samedi de 9 h à 12 h.

c. Pour annoncer une indisponibilité en cas d'appel en dehors des horaires d'ouverture ou pendant une absence.
Le cabinet médical est actuellement fermé. Nous vous invitons à renouveler votre appel du lundi au vendredi, de 9 h à 12 h et de 14 h à 18 h. En cas d'urgence, vous pouvez vous adresser à la clinique Bordas au 05 58 59 65 08. Merci et à bientôt.

 Mes vidéos ▸ L'accueil téléphonique

2. **Réécoutez les quatre messages puis relevez les expressions pour :**
a. se présenter.
b. donner des consignes.
c. informer de l'attente ou de l'indisponibilité.
d. donner des informations.
e. remercier et prendre congé.

3. **À vous d'enregistrer un message d'accueil pour la boîte vocale de votre entreprise et pour faire patienter des correspondants francophones.**

SCÉNARIO PROFESSIONNEL

Avec deux partenaires francophones, vous créez une entreprise pour commercialiser sur Internet un produit de votre pays dans le cadre du commerce équitable (produit artisanal, produit alimentaire, produit touristique…).

ÉTAPE 1 RÉUNION AVEC LES PARTENAIRES

> **1** Discutez de l'organisation de l'entreprise (rôle de chaque partenaire).

> **2** Rédigez une fiche pour présenter les caractéristiques du produit ou de la gamme de produits à commercialiser.

> **3** Vous souhaitez respecter des règles éthiques pour le choix des composants et/ou de la fabrication du produit. Rédigez ensemble des règles à l'attention des fournisseurs.

ÉTAPE 2 PRÉPARATION DU SITE

> **1** Rédigez un texte court pour présenter votre entreprise.

> **2** Rédigez trois courtes présentations de chacun des partenaires en précisant leur parcours professionnel.

> **3** Réalisez une fiche de présentation du produit que vous allez commercialiser et de son processus de fabrication.

ÉTAPE 3 ▷ RECRUTEMENT

Vous souhaitez recruter un commercial pour faire connaître et vendre votre produit dans les pays francophones.

〉 **1** Réunissez-vous avec vos partenaires pour parler du profil du poste et des conditions de recrutement.

〉 **2** Rédigez l'annonce qui paraîtra sur Internet.

〉 **3** Préparez le questionnaire pour l'entretien de recrutement.

〉 **4** Un candidat se présente. Réalisez l'entretien puis décidez de l'embauche ou non.

ÉTAPE 4 ▷ SALON PROFESSIONNEL

Votre entreprise va participer au Salon du commerce équitable qui va avoir lieu pendant deux jours dans une ville française.

〉 **1** Préparez la réunion sur l'organisation de votre stand : établissez un ordre du jour à partir des différents points à aborder et communiquez-le par mail à vos partenaires.

〉 **2** Réunissez-vous avec vos partenaires pour préparer votre participation au salon : organisation, décoration et programme d'animation de votre stand, etc.

〉 **3** Rédigez un bref compte rendu de la réunion.

ÉTAPE 5 ▷ APRÈS LE SALON

〉 **1** Rédigez un court article sur le salon à mettre sur votre site.

〉 **2** Vous avez rencontré un problème pendant le salon (vol, panne,...). Rédigez une lettre de réclamation aux organisateurs.

CORRIGÉS TESTEZ-VOUS

UNITÉ 1. Entrez en contact !

1. Premier contact

1. b, **2.** b, **3.** a, **4.** a, **5.** b, **6.** b

2. Une réunion chez Artémis International

Prénom et nom	Nationalité	Profession	Lieu de travail
Dimitri Ivanov	russe	Directeur commercial	Tunis
Paola Martinez	colombienne	Assistante de direction	Madrid
Akemi Masato	japonais	Chef de projet	Marseille
Anna Gruber	allemande	Responsable clientèle	Genève
Adamo Batista	philippin	Responsable des ressources humaines	Singapour
John Smith	australien	Directeur financier	Londres

3. Un formulaire bien rempli

UNITÉ 2. Faites connaissance !

1. Échanges en vol

1. b, **2.** c, **3.** a, **4.** b, **5.** c

2. Entreprise

1. a, **2.** a, **3.** b, **4.** c, **5.** c, **6.** a

UNITÉ 3. Communiquez en ligne !

1. La bonne formule

1. b, **2.** c, **3.** a, **4.** b, **5.** a, **6.** b, **7.** b

2. Des erreurs dans le fichier clients

Société Bontemps : 01.82.61.13.46
Chaussland : 06.19.32.78.75
Legaufre : 05.58.68.32.31
Noitec : 06.25.10.87.75

3. Prenez un message téléphonique

UNITÉ 4. Partez en déplacement !

1. hotelsplus.com

1. a, **2.** c, **3.** a, **4.** b, **5.** a, **6.** c

2. Au bureau d'informations de la gare

1. c, **2.** c, **3.** b

3. À l'agence de voyage

Vol aller Paris–Milan Mardi 10 novembre

Vol	Départ / Arrivée		Classe
AF 2101	08 : 25	Paris, Charles-de-Gaulle (CDG), France – Terminal 2F	Premium affaires
	09 : 55	Milan, Linate (LIN), Italie	

Votre retour Milan–Paris Jeudi 12 novembre

Vol	Départ / Arrivée		Classe
AF 1801	20 : 35	Milan, Linate (LIN), Italie	Premium affaires
	22 : 05	Paris, Charles-de-Gaulle, France – Terminal 2F	

UNITÉ 5. Organisez votre journée !

1. Internet pratique

1. c, **2.** a, **3.** g, **4.** d, **5.** f

2. Mon repas au bureau

Personne 1 c, **personne 2** d, **personne 3** a,
personne 4 b

3. Un agenda chargé

1. Faux, **2.** Faux, **3.** Vrai, **4.** Vrai, **5.** On ne sait pas,
6. Vrai

CORRIGÉS TESTEZ-VOUS

UNITÉ **6.** Faites le bon choix !

1. bonresto.com
1. c, **2.** a, **3.** c, **4.** d, **5.** e, **6.** f, **7.** d, **8.** b, **9.** e, **10.** c

2. Question de choix
1. c, **2.** c, **3.** a, **4.** b

UNITÉ **7.** Présentez une entreprise !

1. Histoire d'un succès
1. c, **2.** a, **3.** b, **4.** a, **5.** b

2. Des entrepreneurs racontent
1. b, **2.** b, **3.** b, **4.** b

UNITÉ **8.** Trouvez un emploi !

1. Une offre d'emploi
1. a, **2.** c, **3.** b, **4.** c, **5.** a, **6.** c, **7.** b, **8.** c

2. À la direction des ressources humaines
Candidat 1 d, **Candidat 2** b, **Candidat 3** g, **Candidat 4** c, **Candidat 5** e, **Candidat 6** a, **Candidat 7** f

UNITÉ **9.** Faites des projets !

1. Ça se passe où ?
Un bureau : situation 4, Une salle de réunion : situation 6, Une exposition : situation 2, Une bibliothèque : situation 5, Une salle de spectacle : situation 1, Un aéroport : situation 3

2. Une entreprise où il fait bon vivre
1. Faux, **2.** Vrai, **3.** Vrai, **4.** On ne sait pas, **5.** Faux

3. Une sortie
1. Faux, **2.** Faux, **3.** Vrai, **4.** Vrai, **5.** Faux, **6.** Vrai, **7.** On ne sait pas, **8.** Vrai

UNITÉ **10.** Réglez les problèmes !

1. Des boîtes vocales
Message 1 C b, **Message 2** A c, **Message 3** D a, **Message 4** E f, **Message 5** B d, **Message 6** F e

2. Vous avez la solution !
1. a, **2.** c, **3.** c

3. Sous garantie

FICHE DE RÉCLAMATION	
Nom du client : Société Canop	Sous garantie : ○ oui ● non
Motif de la réclamation : Panne	Description du problème :
Type d'appareil : imprimante-scanner-copieur	Elle imprime mal et il y a des taches d'encre sur les feuilles.
Modèle : PSC 125	Délai de réparation : Deux semaines

TRANSCRIPTIONS

UNITÉ 1

Testez-vous 1
Premier contact
1. Comment allez-vous ?
2. Je vous présente M. Garcia.
3. Quelle est votre nationalité ?
4. Quelle est votre situation de famille ?
5. C'est pour quoi ?
6. Comment ça s'écrit ?

Testez-vous 2
Une réunion chez Artemis International
— Je me présente. Mon nom est Dimitri Ivanov. Je suis russe et je suis directeur commercial chez Artemis à Tunis.
— Je m'appelle Paola Martinez. Je suis colombienne et je suis assistante de direction dans notre filiale à Madrid.
— Mon nom est Akemi Masato ; ça s'écrit M A S A T O. Je suis japonais et je suis chef de projet chez Artémis à Marseille.
— Je suis Anna Gruber. Je suis allemande et je travaille comme responsable clientèle à Genève.
— Je m'appelle Adamo Batista. Je suis philippin et je suis responsable des ressources humaines pour l'Asie au bureau de Singapour.
— Mon nom est John Smith. Je suis australien et je suis directeur financier chez Artemis à Londres.

Testez-vous 3
Un formulaire bien rempli
— Madame ?
— Bonjour, monsieur, c'est pour une ouverture de compte.
— Bien. Quel est votre nom ?
— Espina.
— Vous pouvez épeler, s'il vous plaît ?
— E S P I N A.
— Et votre prénom ?
— Veronica.
— Quelle est votre date de naissance ?
— Le 15 octobre 1980.
— Et votre lieu de naissance ?
— Barcelone, en Espagne.
— Vous êtes mariée ?
— Non, je suis célibataire.
— Quelle est votre profession ?
— Je suis avocate.
— Et quelle est votre adresse ?
— 45 boulevard des Anglais à Nantes, 44000.
— Et vous avez une adresse électronique ?
— Oui, c'est verespina@teledo.fr, ça s'écrit V E R E S P I N A arobase teledo.fr.
— Très bien, merci madame.

UNITÉ 2

Testez-vous 1
Échanges en vol
1. Vous travaillez dans quoi ?
2. Vous aimez les voyages ?
3. Vous êtes marié ?
4. Quel est votre âge ?
5. Vous avez une couverture, s'il vous plaît ?

UNITÉ 3

Passez à l'action
1 Le service des renseignements
Coiffure Style
Le numéro demandé est le 02.98.33.16.63.
Docteur Marjorie Chatain
Le numéro demandé est le 04.68.12.95.72.
Garage du Lac
Le numéro demandé est le 03.81.13.48.35.
Pharmacie Auriol
Le numéro demandé est le 01.56.43.89.45.
Restaurant *Chez l'ami Jean*
Le numéro demandé est le 01.48.62.25.98.

Testez-vous 2
Des erreurs dans le fichier clients
— Vous pouvez vérifier le fichier client, s'il vous plaît ? Bontemps, ça s'écrit B comme Berthe, O, N comme Nicolas, T comme Thérèse, E, M comme Marcel, P comme Pierre, S comme Suzanne et le numéro de téléphone est le 01.82.61.13.46.
Pour Chaussland, c'est C comme Célestin, H comme Henri, A, U, deux S, L comme Louis, A, N comme Nicolas, D comme Désiré et le numéro de téléphone est le 06.19.32.78.75.
Legaufre, ça s'écrit L comme Louis, E, G comme Gaston, A, U, F comme François. R, E et le numéro de téléphone est le 05.58.68.32.31.
Pour l'entreprise Noitec, ça s'écrit avec N comme Nicolas, O, I, T comme Thérèse, E, C et le numéro de téléphone est le 06.25.10.87.75.

Testez-vous 3
Prenez un message téléphonique
La standardiste : Société Solipropre, bonjour.
M. Leroux : Oui, bonjour, M. Leroux de la société Gibert. Pourrais-je parler à Mlle Delort, s'il vous plaît ?
La standardiste : Mlle Delort n'est pas au bureau aujourd'hui. Je peux prendre un message ?
M. Leroux : Oui. Notre réunion est fixée le vendredi 6 à Paris. J'attends donc son appel demain matin pour confirmer. Mon numéro est le 06.96.67.21.48.
La standardiste : Alors, le 06.96.67.21.48. C'est noté. Au revoir, monsieur.
M. Leroux : Au revoir, madame, merci.

UNITÉ 4

Testez-vous 2
Au bureau d'informations de la gare
1. — Pardon, madame, où est-ce qu'il y a un restaurant, s'il vous plaît ?
— Alors vous allez au premier étage, en face des escaliers.

2. — Excusez-moi, monsieur, où se trouve la station de métro, s'il vous plaît ?
— Alors quand vous sortez de la gare, vous prenez à gauche. Vous allez tout droit. C'est à 5 minutes à pied, il y a un jardin public, c'est juste en face.

3. — Est-ce qu'il y a un train direct pour Madrid ?
— Attendez… Vous avez un train à 9 h 30… Non, il y a un changement. Alors, vous avez un train à destination de Madrid à 13 h 15. Il est direct.

— Et le soir ?

— Alors, vous avez un train à 19 h 40 mais il n'est pas direct.

— Bon, eh bien je prends le train direct.

Testez-vous 3

À l'agence de voyage

— Bonjour monsieur.

— Bonjour madame, je voudrais un billet aller-retour pour Milan avec un départ le mardi 10 et un retour le jeudi 12 novembre, le soir.

— Comment souhaitez-vous voyager ? En avion ? En train ?

— En avion, en classe affaires.

— Bien, quand souhaitez-vous partir ? Le matin ou l'après-midi.

— Le matin, s'il vous plaît

— Vous avez un vol à 7 h 15 et un vol à 8 h 25.

— Le vol de 8 h 25 arrive à quelle heure ?

— À 9 h 55.

— Ah, c'est tard. Alors je vais prendre le vol de 7 h 15.

— Attendez… Ah, désolée mais le vol est complet.

— Bon, je prends le vol de 8 h 25.

— Bien. Pour le retour, vous avez un vol à 20 h 35 avec une arrivée à 22 h 05 à l'aéroport de Paris-Charles-de-Gaulle.

— C'est très bien.

— Donc mardi 10 novembre, départ 8 h 25 de Paris Charles-de-Gaulle, arrivée à Milan à 9 h 55 et retour le jeudi 12 à 20 h 35, arrivée à 22 h 05.

UNITÉ 5

Testez-vous 2

Mon repas au bureau

— Moi, j'aime beaucoup le riz et les légumes. Je choisis souvent une salade de haricots verts ou une salade de pâtes. Je prends toujours un fruit comme dessert.

— J'ai toujours une bouteille d'eau et des fruits avec moi. Je mange souvent une salade de tomates et de concombre et un yaourt. Je ne mange jamais de gâteau.

— Je ne mange pas de viande alors je choisis une salade avec du thon ou du saumon. Parfois, je mange une tarte aux pommes. J'adore ça.

— Je n'ai pas beaucoup de temps pour déjeuner, alors je prends un sandwich au poulet et un café. Jamais de dessert.

Testez-vous 3

Un agenda chargé

— Bonjour Dominique. Vous pouvez réserver la salle de réunion pour 10 h, s'il vous plaît ?

— Oui, monsieur mais vous avez rendez-vous avec l'avocat à 9 h 30.

— Ah oui, alors vous allez réserver la salle pour cet après-midi et envoyer un courriel aux commerciaux pour reporter la réunion à 14 h.

— Ce n'est pas possible. Vous avez un déjeuner à 13 h avec des journalistes au restaurant d'entreprise.

— Alors on va fixer la réunion à 15 h.

— Autre chose : j'ai votre billet d'avion pour Tokyo. Vous partez ce soir à 23 h 30. Est-ce que vous voulez un taxi ?

— Oui, bonne idée, à 20 h. Je vais partir du bureau pour aller à l'aéroport. C'est parfait. Merci Dominique.

UNITÉ 6

Testez-vous 2

Question de choix

1. — Restaurant du Port, bonjour !

— Oui, bonjour, monsieur. Je voudrais réserver quatre couverts pour demain soir.

— Je suis désolée, madame. Nous sommes fermés le dimanche soir.

— Alors, lundi soir.

— C'est complet pour lundi soir, mais j'ai une table mardi soir.

— C'est d'accord, alors.

2. — Bonjour monsieur, je peux vous aider ?

— Oui, je cherche une chemise.

— Quelle taille faites-vous ?

— Du 41.

— Nous avons beaucoup de modèles… Regardez… Celui-ci est classique et celui-là est plus original.

— La chemise classique me convient très bien. Je la prends.

3. — Bonjour, monsieur. Je cherche un deux-pièces meublé à louer pour les vacances.

— Alors… j'ai un bel appartement de 65 m² dans le centre ville à proximité de la gare et des commerces et un autre de 45 m² avec une belle vue sur la mer.

— Je peux les visiter ?

— Oui, bien sûr.

4. — Bonjour, j'ai eu une mauvaise surprise avec ma commande. J'ai bien reçu le pantalon mais pas le sac.

— Bonjour madame. Vous avez votre numéro de commande ?

— Oui, c'est le 12645 KY.

— Ah oui… il y a un problème avec le sac ; il faut attendre trois semaines pour la livraison.

— Non, non, je ne peux pas attendre. Vous annulez ma commande de sac.

— D'accord. Vous allez recevoir le remboursement.

UNITÉ 7

Prononcez

a. Bienvenue à l'émission.

b. Bonjour M. Tissot.

c. C'est un grand groupe.

d. Il y a des gels douche.

e. Je connais votre usine.

f. Je contacte les parfumeries.

g. Le journaliste interroge.

h. La Provençale est dans le sud-est.

Testez-vous 2

Des entrepreneurs racontent

— Mon père a créé l'entreprise de fabrication de meubles de cuisine en 1949. Et puis, j'ai développé la société avec mon mari. Nous distribuons des meubles de cuisine dans 300 boutiques implantées en Europe et surtout en Allemagne. Nous avons rejoint le groupe Mobuiso, en 2004, leader des meubles de cuisine, mais je dirige l'entreprise.

— Notre société a été créée en 1980. Elle compte 920 personnes et notre chiffre d'affaires a augmenté de 15 %. Il est passé de 90 millions d'euros à 103 millions d'euros.

— Je suis née en Côte d'Ivoire. J'ai créé ma société de transport à 27 ans. Mon entreprise est implantée en Belgique. Je réalise un chiffre d'affaires de 2,8 millions d'euros et j'emploie quatorze salariés. Mes clients sont des PME situées en France, en Suisse et en Belgique.

— Notre site Internet commercialise des cadeaux d'entreprise. Nous avons une gamme de 650 produits. Nous avons internationalisé nos achats : 60 % sont faits à l'étranger. 25 % de notre chiffre d'affaires est fait à l'export et nous avons créé 380 emplois.

UNITÉ 8

Testez-vous 2
À la direction des ressources humaines
— Je suis autonome, organisé et disponible et j'ai le sens du contact.

— Je suis diplômée de l'École supérieure de commerce de Nantes et j'ai une bonne pratique de l'anglais commercial et de l'allemand. J'ai aussi des notions de japonais.

— Je voudrais pouvoir développer mes compétences et utiliser mes talents de négociateur avec un poste à responsabilité.

— Je suis resté chez Thémus pendant 4 ans et j'ai pu me former sur les méthodes de contrôle de qualité.

— Actuellement, je touche un salaire de 1 950 € et j'ai une voiture de fonction. Je voudrais les mêmes avantages.

— L'emploi de chef de projet que vous proposez m'intéresse beaucoup.

— Je suis présidente d'une association contre la faim et je fais des compétitions de tennis.

UNITÉ 9

Testez-vous 1
Ça se passe où ?
— Le concert va bientôt commencer. Merci de rejoindre vos places et d'éteindre vos téléphones portables.

— Superbe cette œuvre ! Tu connais ce peintre ? J'aime vraiment beaucoup la composition et les couleurs de ce tableau. Tu as vu ce monde pour le vernissage !

— Mesdames, messieurs, vous êtes priés de vous présenter à la porte A pour un embarquement immédiat. Merci de présenter votre passeport.

— Quelle chance on a ! Tu as vu nos nouveaux postes de travail et nos fauteuils ergonomiques ! Je trouve que c'est vraiment confortable et bien aménagé.

— La fermeture des portes est prévue dans dix minutes. Nous vous remercions de rendre vos livres ou de les faire enregistrer.

— Merci Laurence de votre compte rendu de mission. Maintenant, abordons le problème que nous rencontrons avec nos clients russes. Et si on allait à Moscou pour discuter avec eux ? Marc, qu'est-ce que vous avez prévu pour répondre à leur demande ?

Testez-vous 2
Une entreprise où il fait bon vivre
— Votre entreprise est numéro 1 des entreprises de haute technologie où il fait bon vivre. Qu'est-ce que vous pensez de ce classement ?

— Je suis très satisfait de ce résultat. Nous faisons très attention au cadre de travail et au confort de nos collaborateurs.

Nous venons d'aménager de nouveaux locaux très spacieux et modernes avec une cuisine où on peut faire à manger ou consommer une boisson. Nous y organisons tous les vendredis des pots pour fêter les événements de la semaine !

— Le cadre de travail est un point important dans le classement. Quelles sont les autres initiatives ?

— Nous organisons des entretiens où nous abordons les questions de rémunération, les souhaits de changement de poste et de formation.

— Vous avez des projets ?

— Oui. Notre objectif est de renforcer l'esprit d'équipe. Nous organisons des rencontres avec des activités sportives le week-end et des séminaires en France ou à l'étranger.

UNITÉ 10

Prononcez
1.

a. bu – **b.** bas – **c.** pot – **d.** bout – **e.** pont – **f.** pie

Testez-vous 1
Des boîtes vocales
Message 1 : Bienvenue au club Sport 2000. Pour vous inscrire, veuillez composer le 04 35 87 84 03.

Message 2 : Ciné cité vous souhaite la bienvenue. Appuyez sur la touche étoile de votre téléphone. Pour connaître la programmation de votre cinéma, tapez 1. Pour réserver vos places, tapez 2.

Message 3 : Bienvenue à la SNCF. Pour acheter ou réserver vos billets et être mis en relation avec un vendeur dites : « billet ».

Message 4 : Electroplus bonjour ! Pour faciliter votre appel, merci d'appuyer sur la touche étoile de votre clavier. Pour connaître les horaires d'ouverture du magasin, tapez 1. Pour contacter le service après-vente, tapez 2.

Message 5 : Bienvenue à l'accueil de la Banque du Nord. Pour consulter vos comptes ou parler à un conseiller, tapez votre code agence. Pour plus d'informations dites : « présentation », pour les horaires dites : « horaires ».

Message 6 : Le cabinet du docteur Alexandre est actuellement fermé. Pour une consultation, merci de rappeler ultérieurement. En cas d'urgence, veuillez composer le 15.

Testez-vous 3
Sous garantie
— Société Buromax à votre service.

— Bonjour. C'est la société Canop. Nous vous avons acheté une imprimante-scanner-copieur il y a un mois mais elle est déjà en panne.

— C'est quel modèle d'appareil ?

— C'est le modèle PSC 125.

— Qu'est-ce qui ne va pas ?

— Elle imprime mal et il y a des taches d'encre sur les documents imprimés.

— Bien, elle est encore sous garantie. Pouvez-vous nous la rapporter ?

— Oui sans problème, la réparation prendra combien de temps ?

— Environ deux semaines. On vous appelle quand l'appareil est réparé.

— D'accord, on vous l'apporte cet après-midi.

— Bien. Au revoir, monsieur.

PRÉCIS DE CONJUGAISON

INFINITIF	INDICATIF				IMPÉRATIF
	Présent	Passé composé	Imparfait	Futur	Présent
Être (auxiliaire)	je **suis** tu **es** il/elle/on **est** nous **sommes** vous **êtes** ils/elles **sont**	j'ai **été** tu as été il/elle/on a été nous avons été vous avez été ils/elles ont été	j'**étais** tu étais il/elle/on était nous étions vous étiez ils/elles étaient	je **serai** tu seras il/elle/on sera nous serons vous serez ils/elles seront	sois soyons soyez
Avoir (auxiliaire)	j'**ai** tu **as** il/elle/on **a** nous **avons** vous **avez** ils/elles **ont**	j'ai **eu** tu as eu il/elle/on a eu nous avons eu vous avez eu ils/elles ont eu	j'**avais** tu avais il/elle/on avait nous avions vous aviez ils/elles avaient	j'**aurai** tu auras il/elle/on aura nous aurons vous aurez ils/elles auront	aie ayons ayez
Acheter	j'**achète** tu achètes il/elle/on achète nous **achet**ons vous achetez ils/elles achètent	j'ai **acheté** tu as acheté il/elle/on a acheté nous avons acheté vous avez acheté ils/elles ont acheté	j'**achet**ais tu achetais il/elle/on achetait nous achetions vous achetiez ils/elles achetaient	j'**achèter**ai tu achèteras il/elle/on achètera nous achèterons vous achèterez ils/elles achèteront	achète achetons achetez
Aller	je **vais** tu **vas** il/elle/on va nous **all**ons vous **all**ez ils/elles **vont**	je suis **allé(e)** tu es allé(e) il/elle/on est allé(e) nous sommes allé(e)s vous êtes allé(e)(s) ils/elles sont allé(e)s	j'**all**ais tu allais il/elle/on allait nous allions vous alliez ils/elles allaient	j'**irai** tu iras il/elle/on ira nous irons vous irez ils/elles iront	va allons allez
Appeler	j'**appelle** tu appelles il/elle/on appelle nous **appel**ons vous appelez ils/elles appellent	j'ai **appelé** tu as appelé il/elle/on a appelé nous avons appelé vous avez appelé ils/elles ont appelé	j'**appel**ais tu appelais il/elle/on appelait nous appelions vous appeliez ils/elles appelaient	j'**appell**erai tu appelleras il/elle/on appellera nous appellerons vous appellerez ils/elles appelleront	appelle appelons appelez
Boire	je **bois** tu bois il/elle/on boit nous **buv**ons vous buvez ils/elles boivent	j'ai **bu** tu as bu il/elle/on a bu nous avons bu vous avez bu ils/elles ont bu	je **buv**ais tu buvais il/elle/on buvait nous buvions vous buviez ils/elles buvaient	je **boir**ai tu boiras il/elle/on boira nous boirons vous boirez ils/elles boiront	bois buvons buvez
Choisir	je **chois**is tu choisis il/elle/on choisit nous **choisiss**ons vous choisissez ils/elles choisissent	j'ai **choisi** tu as choisi il/elle/on a choisi nous avons choisi vous avez choisi ils/elles ont choisi	je **choisiss**ais tu choisissais il/elle/on choisissait nous choisissions vous choisissiez ils/elles choisissaient	je **choisir**ai tu choisiras il/elle/on choisira nous choisirons vous choisirez ils/elles choisiront	choisis choisissons choisissez
Connaître	je **connais** tu connais il/elle/on connaît nous **connaiss**ons vous connaissez ils/elles connaissent	j'ai **connu** tu as connu il/elle/on a connu nous avons connu vous avez connu ils/elles ont connu	je **connaiss**ais tu connaissais il/elle/on connaissait nous connaissions vous connaissiez ils/elles connaissaient	je **connaîtr**ai tu connaîtras il/elle/on connaîtra nous connaîtrons vous connaîtrez ils/elles connaîtront	connais connaissons connaissez
Devoir	je **dois** tu dois il/elle/on doit nous **dev**ons vous devez ils/elles **doivent**	j'ai **dû** tu as dû il/elle/on a dû nous avons dû vous avez dû ils/elles ont dû	je **dev**ais tu devais il/elle/on devait nous devions vous deviez ils/elles devaient	je **devr**ai tu devras il/elle/on devra nous devrons vous devrez ils/elles devront	*n'existe pas*

INFINITIF	INDICATIF				IMPÉRATIF
	Présent	Passé composé	Imparfait	Futur	Présent
Faire	je **fais**	j'ai **fait**	je **fais**ais	je **fera**i	fais
	tu fais	tu as fait	tu faisais	tu feras	faisons
	il/elle/on fait	il/elle/on a fait	il/elle/on faisait	il/elle/on fera	faites
	nous **fais**ons	nous avons fait	nous faisions	nous ferons	
	vous **faites**	vous avez fait	vous faisiez	vous ferez	
	ils/elles **font**	ils/elles ont fait	ils/elles faisaient	ils/elles feront	
Falloir	il **faut**	il a fallu	il fallait	il faudra	*n'existe pas*
Finir	je **finis**	j'ai **fini**	je **finiss**ais	je **finir**ai	finis
	tu finis	tu as fini	tu finissais	tu finiras	finissons
	il/elle/on finit	il/elle/on a fini	il/elle/on finissait	il/elle/on finira	finissez
	nous **finiss**ons	nous avons fini	nous finissions	nous finirons	
	vous finissez	vous avez fini	vous finissiez	vous finirez	
	ils/elles finissent	ils/elles ont fini	ils/elles finissaient	ils/elles finiront	
Manger	je **mange**	j'ai **mangé**	je **mange**ais	je **manger**ai	mange
	tu manges	tu as mangé	tu mangeais	tu mangeras	mangeons
	il/elle/on mange	il/elle/on a mangé	il/elle/on mangeait	il/elle/on mangera	mangez
	nous mangeons	nous avons mangé	nous mangions	nous mangerons	
	vous mangez	vous avez mangé	vous mangiez	vous mangerez	
	ils/elles mangent	ils/elles ont mangé	ils/elles mangeaient	ils/elles mangeront	
Mettre	je **mets**	j'ai **mis**	je **mett**ais	je **mettr**ai	mets
	tu mets	tu as mis	tu mettais	tu mettras	mettons
	il/elle/on met	il/elle/on a mis	il/elle/on mettait	il/elle/on mettra	mettez
	nous **mett**ons	nous avons mis	nous mettions	nous mettrons	
	vous mettez	vous avez mis	vous mettiez	vous mettrez	
	ils/elles mettent	ils/elles ont mis	ils/elles mettaient	ils/elles mettront	
Ouvrir	j'**ouvre**	j'ai **ouvert**	je **ouvr**ais	je **ouvrir**ai	ouvre
	tu ouvres	tu as ouvert	tu ouvrais	tu ouvriras	ouvrons
	il/elle/on ouvre	il/elle/on a ouvert	il/elle/on ouvrait	il/elle/on ouvrira	ouvrez
	nous ouvrons	nous avons ouvert	nous ouvrions	nous ouvrirons	
	vous ouvrez	vous avez ouvert	vous ouvriez	vous ouvrirez	
	ils/elles ouvrent	ils/elles ont ouvert	ils/elles ouvraient	ils/elles ouvriront	
Partir	je **pars**	je suis **parti**(e)	je **part**ais	je **partir**ai	pars
	tu pars	tu es parti(e)	tu partais	tu partiras	partons
	il/elle/on part	il/elle/on est parti(e)	il/elle/on partait	il/elle/on partira	partez
	nous **part**ons	nous sommes parti(e)s	nous partions	nous partirons	
	vous partez	vous êtes parti(e)(s)	vous partiez	vous partirez	
	ils/elles partent	ils/elles sont parti(e)s	ils/elles partaient	ils/elles partiront	
Payer	je **paie** / **paye**	j'ai **payé**	je **pay**ais	je **paier**ai / **payer**ai	paie
	tu paies / payes	tu as payé	tu payais	tu paieras / payeras	payons
	il/elle/on paie / paye	il/elle/on a payé	il/elle/on payait	il/elle/on paiera / payera	payez
	nous **pay**ons	nous avons payé	nous payions	nous paierons	
	vous payez	vous avez payé	vous payiez	vous paierez	
	ils/elles paient / payent	ils/elles ont payé	ils/elles payaient	ils/elles paieront	
Pouvoir	je **peux**	j'ai **pu**	je **pouv**ais	je **pourr**ai	*n'existe pas*
	tu peux	tu as pu	tu pouvais	tu pourras	
	il/elle/on peut	il/elle/on a pu	il/elle/on pouvait	il/elle/on pourra	
	nous **pouv**ons	nous avons pu	nous pouvions	nous pourrons	
	vous pouvez	vous avez pu	vous pouviez	vous pourrez	
	ils/elles peuvent	ils/elles ont pu	ils/elles pouvaient	ils/elles pourront	
Prendre	je **prends**	j'ai **pris**	je **pren**ais	je **prendr**ai	prends
	tu prends	tu as pris	tu prenais	tu prendras	prenons
	il/elle/on prend	il/elle/on a pris	il/elle/on prenait	il/elle/on prendra	prenez
	nous **pren**ons	nous avons pris	nous prenions	nous prendrons	
	vous prenez	vous avez pris	vous preniez	vous prendrez	
	ils/elles **prenn**ent	ils/elles ont pris	ils/elles prenaient	ils/elles prendront	

PRÉCIS DE CONJUGAISON

INFINITIF	INDICATIF				IMPÉRATIF
	Présent	Passé composé	Imparfait	Futur	Présent
Produire	je **prod**uis tu produis il/elle/on produit nous **produis**ons vous produisez ils/elles produisent	j'ai **produit** tu as produit il/elle/on a produit nous avons produit vous avez produit ils/elles ont produit	je **produis**ais tu produisais il/elle/on produisait nous produisions vous produisiez ils/elles produisaient	je **produir**ai tu produiras il/elle/on produira nous produirons vous produirez ils/elles produiront	produis produisons produisez
Savoir	je **sais** tu sais il/elle/on sait nous savons vous savez ils/elles savent	j'ai **su** tu as su il/elle/on a su nous avons su vous avez su ils/elles ont su	je **sav**ais tu savais il/elle/on savait nous savions vous saviez ils/elles savaient	je **saur**ai tu sauras il/elle/on saura nous saurons vous saurez ils/elles sauront	sache sachons sachez
Se lever	je me **lève** tu te lèves il/elle/on se lève nous nous **lev**ons vous vous levez ils/elles se lèvent	je me suis **levé(e)** tu t'es levé(e) il/elle/on s'est levé(e) nous nous sommes levé(e)s vous vous êtes levé(e)(s) ils/elles se sont levé(e)s	je me **lev**ais tu te levais il/elle/on se levait nous nous levions vous vous leviez ils/elles se levaient	je me **lève**rai tu te lèveras il/elle/on se lèvera nous nous lèverons vous vous lèverez ils/elles se lèveront	**lève**-toi levons-nous levez-vous
Sortir	je **sors** tu sors il/elle/on sort nous **sort**ons vous sortez ils/elles sortent	je suis **sorti(e)** tu es sorti(e) il/elle/on est sorti(e) nous sommes sorti(e)s vous êtes sorti(e)(s) ils/elles sont sorti(e)s	je **sort**ais tu sortais il/elle/on sortait nous sortions vous sortiez ils/elles sortaient	je **sortir**ai tu sortiras il/elle/on sortira nous sortirons vous sortirez ils/elles sortiront	sors sortons sortez
Vendre	je **vend**s tu vends il/elle/on vend nous vendons vous vendez ils/elles vendent	j'ai **vendu** tu as vendu il/elle/on a vendu nous avons vendu vous avez vendu ils/elles ont vendu	je **vend**ais tu vendais il/elle/on vendait nous vendions vous vendiez ils/elles vendaient	je **vendr**ai tu vendras il/elle/on vendra nous vendrons vous vendrez ils/elles vendront	vends vendons vendez
Venir	je **viens** tu viens il/elle/on vient nous **ven**ons vous venez ils/elles **vien**nent	je suis **venu(e)** tu es venu(e) il/elle/on est venu(e) nous sommes venu(e)s vous êtes venu(e)(s) ils/elles sont venu(e)s	je **ven**ais tu venais il/elle/on venait nous venions vous veniez ils/elles venaient	je **viendr**ai tu viendras il/elle/on viendra nous viendrons vous viendrez ils/elles viendront	viens venons venez
Voir	je **vois** tu vois il/elle/on voit nous **voy**ons vous voyez ils/elles voient	j'ai **vu** tu as vu il/elle/on a vu nous avons vu vous avez vu ils/elles ont vu	je **voy**ais tu voyais il/elle/on voyait nous voyions vous voyiez ils/elles voyaient	je **verr**ai tu verras il/elle/on verra nous verrons vous verrez ils/elles verront	vois voyons voyez
Vouloir	je **veux** tu veux il/elle/on veut nous **voul**ons vous **voul**ez ils/elles veulent	j'ai **voulu** tu as voulu il/elle/on a voulu nous avons voulu vous avez voulu ils/elles ont voulu	je **voul**ais tu voulais il/elle/on voulait nous voulions vous vouliez ils/elles voulaient	je **voudr**ai tu voudras il/elle/on voudra nous voudrons vous voudrez ils/elles voudront	veuillez

MÉMENTO
DES ACTES DE PAROLE

VIE QUOTIDIENNE

TRAVAILLER

COMMUNIQUER EN ENTREPRISE

MÉMENTO DES ACTES DE PAROLE

VIE QUOTIDIENNE

Saluer et prendre congé

Saluer :
Bonjour, madame / mademoiselle / monsieur.
Bonjour, comment vas-tu ?
Comment allez-vous ?
Ça va ?

➡ Répondre à des salutations :
Très bien, merci.
Ça va bien, merci.

Prendre congé :
Au revoir madame / mademoiselle / monsieur.
A tout à l'heure ! / À demain ! / À lundi ! / À bientôt !
Bonne (fin de) journée ! / Bon après-midi !
Bonne soirée ! Bon week-end !

Se présenter

Dire le nom et le prénom :
Je m'appelle (+ *prénom + nom*).
Mon nom est (+ *prénom + nom).*
Je suis (+ *prénom + nom*).

Dire l'âge :
J'ai (+ *âge*) ans.

Donner la date et le lieu de naissance :
Je suis né(e) le (+ *jour + mois + année*) à (+ *ville*),
en / au / aux (+ *pays*).

Dire la situation de famille :
Je suis célibataire / marié(e) / pacsé(e) / séparé(e) /
divorcé(e) / veuf(ve).
J'ai des enfants.
Je n'ai pas d'enfants.
J'ai un fils / une fille.

Indiquer la nationalité ou l'origine :
Je suis *(+ nationalité*).
Je viens de (+ *pays*).

Indiquer la profession ou le domaine d'activité :
Je suis *(+ profession*).
Je travaille / je suis dans (+ *domaine d'activité*) /
chez (+ *nom de l'entreprise*).

Indiquer une langue parlée ou non parlée :
Je parle *(+ langue :* anglais, français…). / Je ne parle pas
(+ langue : anglais, français…).
Les langues de travail sont *(+ langue :* le japonais,
le chinois…*).*

Parler de soi

Indiquer les goûts :
J'aime bien… / J'aime… / J'aime beaucoup… / Je n'aime pas…
J'adore…
J'apprécie… / Je n'apprécie pas…
Je préfère le / la / les…
Je déteste…

Indiquer des activités culturelles et sportives :
Je joue au / à la / à l' / aux (+ *jeu*).
Je joue du / de la / de l' / des (+ *instrument de musique*).
Je fais du / de la / de l' / des (+ *activité sportive ou culturelle*).

Décrire des habitudes :
Je (+ *verbe d'action*) / tous les (+ *jour / mois...*).
J'ai l'habitude de (+ *verbe d'action*).
Je *(+ verbe d'action)* habituellement…
Une fois par semaine / par mois / le *(+ jour de la semaine*),
je *(+ verbe d'action).*

Décrire des sensations :
J'ai faim / soif / froid / chaud / peur.

Faire connaissance

Présenter une personne :
Je vous présente | (Mme, Mlle, M.) + (*prénom et nom*)
Je te présente |

➡ Répondre :
Enchanté(e).
Bonjour, madame / monsieur.

**Préciser la profession / la fonction et le nom
de la société :**
Madame / mademoiselle / monsieur *(+ nom)* est *(+ profession /
fonction)* chez (+ *nom de l'entreprise*).

Demander l'identité :
Vous vous appelez comment ?
Quel est votre nom ?

Demander la nationalité :
Quelle est votre nationalité ?

Demander la profession :
Quelle est votre profession ?
Vous travaillez dans quoi ?
Vous travaillez dans quel secteur ?

Demander l'âge :
Tu as / Vous avez quel âge ?
Quel âge as-tu / avez-vous ?
Quel est ton / votre âge ?
Quel âge a *(+ prénom ou Mme / Mlle / M. + nom)* ?
Quel âge ont vos enfants ? Ils ont quel âge ?

Demander le lieu / la date de naissance :
Quel est votre lieu de naissance ?
Quelle est votre date de naissance ?

Demander l'adresse postale / l'adresse électronique :
Où habitez-vous ?
Quelle est votre adresse (postale) ?
Vous avez une adresse électronique ?
Quelle est votre adresse électronique ?

Demander le numéro de téléphone :
Quel est ton / votre numéro (de téléphone) ?

➡ **Donner un numéro de téléphone :**
Mon numéro est le (+ *numéro*).

Utiliser les formules de politesse

Aborder une personne :
S'il vous plaît.
Pardon, madame / mademoiselle / monsieur.
Excusez-moi.

Demander quelque chose :
Je voudrais... / Je souhaiterais... / J'aimerais...
Vous avez un / une / des..., s'il vous plaît ?

➡ **Donner quelque chose :**
Voici / Voilà..., madame / mademoiselle / monsieur.
Tenez, madame / mademoiselle / monsieur.

Pour confirmer qu'on a compris :
Si je comprends bien...
C'est bien ça ?

Demander un service :
Pouvez-vous... ?
Pourriez-vous... ?
Je pourrais avoir... ?

Exprimer un souhait :
Je voudrais...
Je souhaiterais...
J'aimerais...

➡ **Répondre :**
Oui, bien sûr.

Remercier :
Merci. Merci bien.
Merci beaucoup.
Je vous remercie.

➡ **Répondre à un remerciement :**
Je vous en prie.
De rien.

S'excuser :
Je suis désolé(e).
Excusez-moi.

➡ **Répondre :**
Je vous en prie.
Ce n'est pas grave.

Obtenir des informations

Demander le temps qu'il fait :
Quel temps fait-il ?

➡ **Dire le temps qu'il fait :**
Il fait beau / chaud / froid.
Le ciel est clair / nuageux.
Il y a du vent / du soleil / des nuages.
Il pleut.
Il fait (+ *température*) degrés.

Demander l'heure :
Quelle heure est-il ?
Vous avez l'heure ?

➡ **Dire l'heure :**
Il est ... heure(s).

Demander des coordonnées :
Quel est le numéro de téléphone de (*prénom* ou Mme / Mlle / M. + *nom*) ?
Quelle est l'adresse de (*prénom* ou Mme / Mlle / M. + *nom*) ?

➡ **Répondre :**
C'est le (+ *numéro de téléphone*).
C'est (+ *adresse*).

Obtenir des explications / des précisions :
Expliquez-moi comment...
Je voudrais des précisions / des explications.

Aller à l'hôtel

Indiquer / Demander une réservation :
J'ai une réservation / Je voudrais / Je souhaite réserver une chambre simple / double / avec un grand lit / avec un lit double / avec salle de bains / douche.

Donner des détails pour la réservation :
Pour le (+ *date*).
Pour (+ *nombre de nuits*).

Donner des coordonnées :
C'est au nom de (+ *nom*).
C'est au nom de la société (+ *nom de la société*).

Décrire un hôtel :
C'est un grand / petit hôtel / hôtel (+ *nombre*) étoiles / dans un beau jardin / en centre-ville / à côté de... / à proximité de... / à ... minutes à pied de...
L'hôtel propose un accueil personnalisé / un service exceptionnel / une décoration agréable / moderne / un parking privé.

Décrire le confort d'une chambre :
Une chambre simple / double / avec un grand lit / avec

MÉMENTO DES ACTES DE PAROLE

un lit double / avec salle de bains / douche / téléphone / télévision / une connexion Internet / un minibar.

Indiquer le prix d'une chambre :
Le prix / Le tarif par chambre / par personne / pour deux personnes / par nuit est de (+ *montant*) euros.
Non compris / Compris dans le tarif.
La taxe de séjour est comprise / incluse.
Le petit déjeuner n'est pas compris.

Aller au restaurant
Prendre une commande :
Vous avez choisi ?
Et comme (+ *entrée, plat, garniture, dessert, boisson*...) ?
Et pour vous, madame / monsieur ?
Vous prenez… ? Vous désirez… ?
Qu'est-ce que vous désirez boire / manger / prendre ?
Quelle cuisson pour la viande ?

Passer une commande :
Un / Une / Des (+ *nom du plat*), s'il vous plaît.
Un / Une / Des (+ *nom du plat*) pour moi.
Je vais prendre un / une / des (+ *nom du plat*).

Indiquer la cuisson d'une viande
Bleue / Saignante / À point / Bien cuite

Demander une explication :
C'est quoi le / la / l' / les (+ *nom du plat*) ?
C'est servi avec quoi ?

→ Décrire la composition d'un plat :
C'est (Ce sont) du / de la / de l' (des) (+ *aliments*)
(avec + *aliments*).

Demander quelque chose :
Je peux avoir du sel / du sucre / un cendrier…, s'il vous plaît ?

S'assurer de la satisfaction du client :
Ça a été ?

Demander l'addition :
L'addition, s'il vous plaît !
Combien je vous dois ?

Se Loger
Se renseigner sur un appartement / une maison :
Je cherche un studio / un deux-pièces / un appartement / une maison de (+ *nombre de pièces*) / meublé(e) / non meublé(e) / à louer.

Poser des questions sur un logement :
Il y a combien de pièces ? Quelle est la surface ?
Quel est le loyer ?

Décrire un appartement :
C'est un studio, un deux-pièces (T2)…
Il y a une entrée / un séjour / (*nombre*) chambre(s) / une salle de bains / une cuisine.

La cuisine est aménagée / équipée.
Le chauffage est électrique / au gaz / à l'énergie solaire / individuel / collectif.
Il y a du parquet / de la moquette.
L'appartement fait … m² (mètres carrés).
Le loyer est de (*montant*) euros par mois, hors charges / charges comprises.
Les charges sont de (*montant*) euros par mois.

Se déplacer
Acheter un billet :
Je voudrais un billet aller simple / aller-retour pour (+ *destination*), s'il vous plaît.

Interroger sur les souhaits :
Le lieu : Où souhaitez-vous partir ?
Le moment : Quand souhaitez-vous partir ?
La personne concernée : Qui participe au voyage ?
La manière : Comment souhaitez-vous voyager ?

Demander des indications horaires :
À quelle heure passe le bus ?
À quelle heure arrive / part le train / le vol de … ?
Le train / Le vol arrive à quelle heure ?
Vous savez à quelle heure il y a un bus / un train / un vol ?

→ Donner des indications horaires :
Il y a un bus / un train / un avion à (+ *heure*).
À (+ *heure*).

Indiquer un moyen de déplacement :
On prend le train / le métro / le bus / le tramway / l'avion / la voiture / le bateau.
Je vais / Nous allons à pied / en train / en métro / en bus / en tramway / en avion / en voiture / en bateau.

Indiquer la provenance ou la destination :
Je vais à / Vous arrivez à (+ *lieu*).
Je pars de / Vous venez de (+ *lieu*).

S'orienter
Demander l'emplacement d'un lieu / d'un objet :
Où est (sont) / se trouve(nt) le bus / la salle de restaurant / les toilettes, s'il vous plaît ?
Le … / La … / L' … / Les … se trouve / se trouvent où ?
C'est où ?

Demander un itinéraire :
Pour aller à … , s'il vous plaît ?

→ Indiquer un itinéraire / une direction / une localisation :
Vous traversez le hall / la rue / la place.
Vous prenez l'ascenseur.
Vous montez / descendez au premier / deuxième… étage.
Vous sortez de l'ascenseur / de l'hôtel…

Vous allez / Allez / C'est tout droit / à gauche / à droite /
au rez-de-chaussée / au … étage / au bout du couloir / en
face des escaliers / en direction de…

Acheter

Aborder un client / une cliente :
Je peux vous aider / renseigner ?

→ Dire ce que l'on souhaite :
Je voudrais…
Je cherche… | (+ *nom du produit*), s'il vous plaît.

Demander de l'aide :
Vous pouvez m'aider / me conseiller ?

Demander des précisions sur un produit :
La composition / La matière : C'est à / en quoi ? /
Ce (+ *nom du produit*), c'est à / en quoi ? / Est-ce que
ce (+ *nom du produit*) est en (+ *composition / matière*) ?

Présenter les produits vendus :
La variété / Les caractéristiques : Là, vous avez… et ici,… /
Ceux-ci / Celles-ci sont… / Celui-ci / Celle-là est… /
La composition : C'est au lait / au thé vert / aux épices /
aux fruits…
La matière : C'est en cuir / tissu / verre / bois / plastique…

Demander la taille :
Pour les chaussures : Quelle est votre pointure ? /
Vous chaussez du combien ?
Pour les vêtements : Quelle est votre taille ? / Vous faites
quelle taille ?

→ Indiquer la taille :
Je fais du (+ *pointure / taille*).
Je chausse du (+ *pointure*).

Faire une proposition :
Vous voulez goûter / essayer ?

Préciser le choix / la préférence :
Je voudrais / Je préfère celui-ci / celle-là / celles-ci / ceux-là /
ce… / cette… / ces…

Demander le prix :
Ça / Il coûte combien ?
Combien ça coûte ?
Quel est le prix de ce / cette / ces… ?

→ Indiquer le prix :
Il est à / coûte (+ *montant*)

Conclure la vente :
Vous voulez / désirez autre chose ?
Et avec ceci ?
Ce sera tout ?

Conclure l'achat :
Non, merci !

Ce sera tout merci !
Oui, merci.

Parler d'achats en ligne :
J'ai passé une commande de… / J'ai commandé…
Je suis allé(e) sur le site de…
Je demande / J'ai demandé / Je vais demander un échange /
un remboursement.
J'ai contacté le service clientèle.
Le colis / La livraison est arrivé(e) dans les délais. / Je n'ai
pas reçu ma commande.
J'ai renvoyé / Je vais renvoyer / Je renvoie l'article.
Les articles sont de bonne / mauvaise qualité.

Sortir

Inviter :
Je t' / vous invite…

Demander ou exprimer un souhait :
Qu'est-ce que tu veux faire ?
Je veux bien sortir. / Je ne veux pas rentrer tard.
Je veux / voudrais visiter…

Interroger sur un programme / une sortie :
Qu'est-ce qui est prévu ?
Quel est le programme ?
Et le soir, qu'est-ce qu'on fait ?

Faire des propositions :
Si on allait au / à la / à l' / aux… ?
Je vous propose de (+ *verbe à l'infinitif*).
Si vous voulez, on peut (+ *verbe à l'infinitif*).

Pour accepter une suggestion / Dire son accord /
sa satisfaction :
C'est parfait ! / Très bien.
Vous avez raison !
Pourquoi pas ?
Je trouve que c'est une excellente idée.
C'est une bonne / excellente idée ! / C'est super !
Je suis d'accord.

Dire son désaccord / son insatisfaction :
Ce n'est pas une bonne idée !
Je ne suis pas d'accord !

Téléphoner

Donner des consignes sur une boîte vocale :
Faites le 1. / Tapez 1.
Merci de patienter (quelques instants).
Appuyez sur la touche « étoile » de votre appareil.
(*nom de la société*) bonjour, ne quittez pas, (*nom d'une
personne / d'une fonction / d'un service*) va vous répondre
dans quelques instants.
Nous vous invitons à renouveler votre appel.

MÉMENTO DES ACTES DE PAROLE

En cas d'urgence, vous pouvez vous adresser à (*contact*) au (*numéro de téléphone*).

Saluer au téléphone (non personnel) :
(*Nom de la personne / de la société / du service*), bonjour !

Vérifier que vous êtes au bon numéro :
Allô, (+ *prénom / nom*) ?
Allô (bonjour), je suis bien chez monsieur / madame… / au (+ *numéro*) ?
Allô, c'est bien l'hôtel (+ *nom*) ?

Se présenter :
C'est (+ *prénom + nom*) à l'appareil.
(+ *Prénom + nom*) à l'appareil.

Demander à parler à quelqu'un :
Bonjour, je voudrais parler à…

→ Demander le nom :
C'est de la part de qui ?
Vous êtes madame / mademoiselle / monsieur ?

Demander l'objet de l'appel :
C'est à quel sujet ?
C'est pour quoi ?

→ Indiquer la raison de l'appel :
Je te / vous téléphone pour / parce que…
C'est au sujet de…
C'est pour…

Faire patienter :
Ne quittez pas, s'il vous plaît.
Un instant, s'il vous plaît.

Indiquer que la personne n'est pas disponible :
Il / Elle est absent(e) pour le moment.
Le poste ne répond pas.
Il / Elle est en ligne / en réunion.

Proposer de prendre / laisser un message / des coordonnées :
Je peux prendre un message / vos coordonnées ?
Vous pouvez laisser un message.

Aller chez le médecin / à la pharmacie
Décrire des symptômes :
J'ai (très) mal au / à la / à l' / aux (+ *partie(s) du corps*).
J'ai de la fièvre.
Je tousse.
Je dors mal.
Je suis (très) fatigué(e).
Je saigne.
Je vomis.
Je suis blessé(e) au / à la / à l' / aux (+ *partie(s) du corps*).

Expliquer des pannes et des problèmes
J'ai perdu…
On m'a volé…
(***nom de l'appareil***) est en panne.
La machine ne fonctionne pas.
Ça ne marche pas. / Ça ne fonctionne pas.

TRAVAILLER

Parler de l'entreprise
Décrire une entreprise :
C'est une entreprise familiale / une PME / une grande entreprise.
Elle fait partie du groupe (+ *nom du groupe*).
L'entreprise a été créée par (+ *nom du / des fondateur(s)*) en (+ *année*).
La société a rejoint le groupe en (+ *année*).

Préciser le secteur de l'entreprise :
Groupe international dans le domaine de (+ *activité*).
Société / Entreprise spécialisée dans (+ *activité*).

Situer l'entreprise :
La société / La filiale / L'usine / Le site / Le siège social se trouve / est situé(e) / est implanté(e) à (+ *ville*), en / dans le / la (+ *région*), en / au / aux (+ *pays*).

Parler de l'activité de l'entreprise :
Nous produisons / fabriquons / construisons / créons / exportons / vendons / commercialisons des (+ *nom de produit*).
Nous sommes le / les leader(s) (dans le domaine) du / de la / de l' / des (+ *nom de l'activité*).

Donner des chiffres clés :
Nous employons (+ *nombre*) personnes / salariés.
L'effectif est de (+ *nombre*) employés / salariés.
Le chiffre d'affaires (annuel) est de (+ *nombre*) d'euros.
Nous avons une gamme de (+ *nombre*) produits.

Décrire l'organisation d'une entreprise :
Monsieur / Madame … dirige / est responsable de… / a sous sa responsabilité… / est assisté(e) de… / est en charge de… / travaille avec…

Décrire des qualités personnelles et professionnelles :
Il est / Elle est / C'est une femme / un homme / un(e) collaborateur(trice) / (*nom de la profession*) très expérimenté(e) / professionnel(le) / brillant(e) / apprécié(e) / discret(ète) / efficace / exceptionnel(le) / organisé(e) / patient(e).

Indiquer la composition d'un produit :
Le (+ *nom du produit*) se compose / est composé de… / est fabriqué / fait avec du / de la / de l' / des… / contient…

Décrire un processus de fabrication :
On fait (+ *verbe d'action*) chauffer / cuire…
On laisse (+ *verbe d'action*) reposer / cuire…
On ajoute / enlève / met / mélange / découpe…
Le mélange est chauffé puis mis dans les bacs plusieurs heures.
On fait *(+ verbe d'action)* pendant… heures.

Indiquer la chronologie des actions :
D'abord / Ensuite / Après (+ *durée*) / Plus tard / Puis / Enfin

Parler d'un poste

Indiquer le poste proposé :
Nous recherchons / recrutons…
Entreprise recherche / recrute…

Indiquer le lieu de travail :

Filiale située Poste basé Lieu de travail	à (+ *ville*) / au(x) / en (+ *pays*) / dans le / en (+ *région*).

Préciser des responsabilités :
Vous êtes chargé(e) de / responsable de / Vous assistez…

Décrire les activités liées au poste :
Vous assurez la réception, le suivi…
Vous organisez / rédigez / traitez…
Accueil / Visite / Vente / Gestion de…
Votre mission : développer / négocier / animer…

Décrire les qualités et les compétences demandées :
Dynamisme, bon relationnel, excellente présentation.
Vous êtes autonome / disponible pour…
Vous avez des capacités d'organisation / le sens de la communication / l'esprit d'équipe.
Vous maîtrisez le / la / les…
Vous êtes à l'aise avec…
Vous savez négocier / animer…

Indiquer la formation et l'expérience demandées :
De formation Bac + 2.
Vous avez une formation commerciale / scientifique / littéraire.
Vous avez une formation de / d' (+ *métier*).
Vous avez une expérience minimum de … ans.
Vous êtes expérimenté(e).

Indiquer le niveau des langues parlées :
(+ *Langue*) courant.

Vous parlez couramment / parfaitement le / l' (+ *langue étrangère*).

Décrire les compétences :
J'ai de l'expérience en… / une expérience de (+ *nombre d'années*) dans (+ *domaine*).
Je sais (+ *verbe d'action*).
Je connais…
Je maîtrise…

Dire les qualités :
J'ai un bon contact / des talents de…
Je suis (+ *adjectif*).

Décrire une situation insatisfaisante :
Je ne peux plus évoluer / progresser.
Je ne pars jamais en mission à l'étranger.
Je n'ai pas beaucoup d'avantages.

Interroger sur les conditions de travail :
Avec qui je vais travailler ?
De quels outils de travail je vais disposer ?
Sur quel salaire je peux compter ?
Je vais avoir combien de jours de congés payés dans l'année ?

Parler des avantages financiers d'un poste :

Le salaire est de … euros	par an. par mois. brut / net.

Il y a des primes.

Indiquer des avantages matériels :
Vous avez / allez avoir un ordinateur portable / un téléphone portable.
Vous disposez d'une voiture de fonction.

Parler des droits :
Vous avez droit à cinq semaines de congés payés.
Vous avez la possibilité de prendre vos congés / vos vacances en (+ *mois ou saison*).

Décrire un environnement de travail :
Je travaille dans un espace ouvert (*open space*).
Les bureaux sont très lumineux / sombres avec un décor moderne / ancien.
Les locaux (ne) sont (pas) spacieux.
Les postes de travail sont modernes / anciens et bien / mal aménagés.
Nous avons une petite / grande salle de sport et un espace pour nous détendre.

Expliquer les utilisations d'un lieu :
Il y a une grande cuisine. On peut y cuisiner, réchauffer un plat, faire du café.
Nous avons une très grande salle qui peut servir pour les concerts.
Il y a une salle qui est utilisée pour les fêtes.

MÉMENTO DES ACTES DE PAROLE

Accomplir des tâches professionnelles

Décrire des activités professionnelles :

Je travaille avec (+ *nom ou fonction des personnes*).

Je m'occupe de…

J'anime…

Je suis responsable de…

Je suis chargé(e) de…

Je vais à / Je participe à des salons professionnels / des conférences / des colloques / des séminaires / des réunions de travail.

J'ai des réunions / une conférence / un colloque / un séminaire.

Je rencontre / contacte des collaborateurs / des clients / des partenaires.

J'étudie / Je consulte des dossiers.

Je lis / rédige / consulte / réponds à des courriels / des mails.

Je consulte / vérifie / J'organise mon emploi du temps / un planning.

Je bosse beaucoup / dans une petite boîte (*familier*).

J'ai beaucoup / de plus en plus de boulot (*familier*).

Décrire des tâches informatiques :

Je télécharge / J'ouvre / Je ferme un fichier.

Je clique sur un lien / J'ouvre / Je ferme un lien / un onglet / une rubrique.

J'affiche une page.

Je navigue sur un site.

J'archive / J'imprime / J'enregistre des documents / des mails.

Je mets à la poubelle.

Je signale comme indésirable.

COMMUNIQUER EN ENTREPRISE

Rédiger un courriel

Pour commencer :

Chère Madame / Cher Monsieur

Madame / Monsieur – Madame / Monsieur (+ *nom*)

Bonjour – Bonjour (+ *prénom*)

Salut ! (*informel*)

Pour remercier :

Merci / d'avance / de votre aide.

Je te / vous remercie.

Pour terminer :

(Très) cordialement

Sincères salutations

À bientôt

Bonne journée

Cordialement

Bien à vous

À + (*informel*)

Bisous / Bises (*informel*)

Rédiger un écrit professionnel

Pour commencer :

J'ai bien reçu / Nous avons bien reçu…

Je vous informe de… / Nous vous informons de… / Je souhaite vous informer de… / Nous souhaitons vous informer de…

Je vous remercie… / Nous vous remercions de votre confiance.

J'ai le plaisir de… / Nous avons le plaisir de… / J'ai le regret de… / Nous avons le regret de (+ *verbe à l'infinitif*).

Envoyer un document :

Vous trouverez ci-joint (+ *nom du document*).

Je vous joins / Nous vous joignons…

Demander quelque chose / une réponse :

Je vous prie de (bien vouloir)… / Nous vous prions de (bien vouloir)…

Dans l'attente de votre réponse…

Dans cette attente…

Pour terminer :

Je reste à votre disposition pour tout renseignement complémentaire.

Veuillez agréer / Je vous prie d'agréer Madame / Monsieur / Messieurs mes sentiments / salutations (très) distingués(ées) / les meilleurs(es).

Nous vous prions d'agréer Madame / Monsieur / Messieurs nos sentiments / salutations (très) distingués(ées).

Rédiger une invitation

Inviter :

Vous êtes invité(e)s à…

Nous vous invitons à…

Indiquer le lieu et le moment :

(*nom de l'événement*) aura lieu le (+ *date*) à (+ *heure*) dans / à (+ *lieu*).

Demander de confirmer la présence :

Merci de confirmer par mail / courriel.

Donner des instructions et des consignes

Indiquer des consignes ou des instructions :

Nous vous invitons à…

Nous vous demandons de / Je vous demande de (+ *verbe d'action*).

Merci de (+ *verbe d'action*).

Vous pouvez (+ *verbe d'action*), s'il vous plaît.

Vous allez (+ *verbe d'action*).

Il faut / Il ne faut pas (+ *verbe d'action*).

N'oubliez pas de (+ *verbe d'action*).

→ **Confirmer la compréhension des instructions :**

C'est noté.

Très bien.

Entendu.

D'accord.

Exprimer une obligation / un besoin :

Je dois / Nous devons / Vous devez (+ *verbe d'action*).

Les salariés sont priés de… / vous êtes prié(s) de (+ *verbe d'action*).

Le personnel doit impérativement / Vous devez (+ *verbe d'action*).

Le / La / Les visites est / sont obligatoire(s).

J'ai besoin de / Nous avons besoin de (+ *verbe d'action*).

Exprimer l'interdiction :

Il est (formellement) interdit de (+ *verbe d'action*).

Le / La / Les… ne peut (peuvent) / doit (doivent) pas / vous ne pouvez / devez pas (+ *verbe d'action*).

Le / La / Les… est / sont interdit(e)(s).

Indiquer une exception ou un cas particulier :

Sauf autorisation particulière…

Le / La / Les… est / sont exclusivement réservé(e)(s) à / au / aux *(+ nom)*.

En cas de *(+ nom)*…

Se réunir

Indiquer une heure de rendez-vous / de réunion :

Rendez vous à … heure(s).

Vous avez rendez-vous avec … à … heure(s).

Le rendez vous est fixé à… / est annulé / reporté.

J'ai rendez-vous avec (*prénom* ou *Mme / Mlle / M. + nom*) aujourd'hui.

J'ai une réunion avec (*prénom* ou *Mme / Mlle / M. + nom*) ce matin.

Je rencontre (*prénom* ou *Mme / Mlle / M. + nom*) demain.

Je vois (*prénom* ou *Mme / Mlle / M. + nom*) cet après-midi.

Demander la disponibilité :

Est-ce que tu es / vous êtes libre / disponible / là demain ?

Introduire un sujet dans une réunion :

Nous sommes réuni(e)s pour…

Commençons par…

Parlons maintenant de…

Abordons maintenant le problème / la question de…

Dernier point : …

Interroger sur un projet / un dossier :

Qu'est-ce qui est prévu ?

Et pour (les vacances d'été), qu'est-ce qu'on fait ?

Tout se passe bien ?

On en est où du / de la / de l' / des… ?

Indiquer une action en cours :

Nous sommes en train de…

C'est en cours. / Le… / La… / Les… est / sont en cours.

Faire le point et indiquer un résultat :

Nous avons déjà… / Nous n'avons pas encore beaucoup de personnes intéressées / de réponses / d'offres intéressantes…

Donner une opinion positive / négative :

Je pense que…

Je trouve que c'est bien / ce n'est pas suffisant / ça crée une bonne ambiance.

Je trouve ça bien / mal.

Quelle invention horrible ! / Quelle chance !

Décrire une évolution :

Nous avons de plus en plus de / de moins en moins de…

C'est de plus en plus / de moins en moins…

Il y a trop de *(+ nom)* ! C'est trop (+ *adjectif*) !

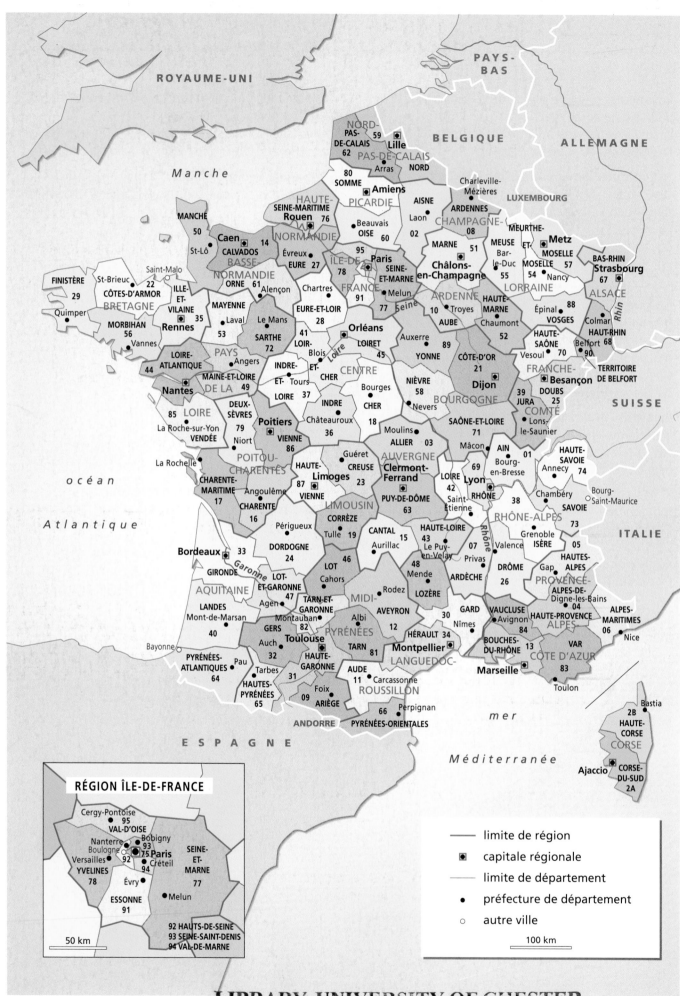

ROYAUME-UNI

PAYS-BAS

BELGIQUE

ALLEMAGNE

LUXEMBOURG

SUISSE

ITALIE

ESPAGNE

ANDORRE

Manche

océan

Atlantique

mer Méditerranée

NORD-PAS-DE-CALAIS 59 Lille
62 PAS-DE-CALAIS NORD
Arras
80 SOMME Amiens
PICARDIE
Charleville-Mézières
AISNE 02 ARDENNES 08
Laon
CHAMPAGNE-
MEURTHE-ET-MOSELLE 57 Metz
MARNE 51 MEUSE Bar-le-Duc 55 MOSELLE 54 Nancy
BAS-RHIN Strasbourg 67
MANCHE 50
St-Lô
Caen 14 CALVADOS
HAUTE-SEINE-MARITIME Rouen 76
NORMANDIE
Évreux EURE 27
ÎLE-DE-FRANCE 78 Paris SEINE-ET-MARNE 77
Châlons-en-Champagne
ARDENNE Troyes AUBE 10
HAUTE-MARNE 52 Chaumont
Épinal VOSGES 88
Colmar HAUT-RHIN 68 Belfort 90
ALSACE
St-Brieuc
FINISTÈRE 29 St-Brieuc 22 CÔTES-D'ARMOR
Saint-Malo
BRETAGNE ILLE-ET-VILAINE 35 Rennes
Quimper
MORBIHAN 56 Vannes
BASSE-NORMANDIE
ORNE 61 Alençon
MAYENNE Laval 53
Le Mans SARTHE 72
EURE-ET-LOIR 28 Chartres
Blois LOIR-ET-CHER 41
Orléans LOIRET 45
Auxerre YONNE 89
CÔTE-D'OR 21 Dijon
BOURGOGNE
HAUTE-SAÔNE 70 Vesoul
FRANCHE-COMTÉ
Besançon DOUBS 25
TERRITOIRE DE BELFORT
PAYS DE LA LOIRE
LOIRE-ATLANTIQUE 44 Nantes
Angers MAINE-ET-LOIRE 49
Tours INDRE-ET-LOIRE 37
CENTRE
Bourges CHER 18
NIÈVRE 58 Nevers
SAÔNE-ET-LOIRE 71 Mâcon
JURA 39 Lons-le-Saunier
85 VENDÉE La Roche-sur-Yon
DEUX-SÈVRES 79 Niort
Poitiers VIENNE 86
Châteauroux INDRE 36
Moulins ALLIER 03
AIN 01 Bourg-en-Bresse
HAUTE-SAVOIE 74 Annecy
La Rochelle
POITOU-CHARENTES
CHARENTE-MARITIME 17
Angoulême CHARENTE 16
HAUTE-VIENNE 87 Limoges
Guéret CREUSE 23
AUVERGNE Clermont-Ferrand PUY-DE-DÔME 63
LOIRE 42 Saint-Étienne
RHÔNE 69 Lyon
SAVOIE 73 Chambéry Bourg-Saint-Maurice
RHÔNE-ALPES
Bordeaux GIRONDE 33
Périgueux DORDOGNE 24
CORRÈZE 19 Tulle
CANTAL 15 Aurillac
HAUTE-LOIRE 43 Le Puy-en-Velay
ARDÈCHE 07 Privas
ISÈRE 38 Grenoble
Valence DRÔME 26
HAUTES-ALPES 05 Gap
AQUITAINE
LOT-ET-GARONNE 47 Agen
LANDES 40 Mont-de-Marsan
LOT 46 Cahors
TARN-ET-GARONNE 82 Montauban
Rodez AVEYRON 12
LOZÈRE 48 Mende
GARD 30 Nîmes
VAUCLUSE 84 Avignon
HAUTE-PROVENCE ALPES-DE-HAUTE-PROVENCE 04 Digne-les-Bains
ALPES-MARITIMES 06 Nice
Bayonne
PYRÉNÉES-ATLANTIQUES 64 Pau
GERS 32 Auch
Toulouse HAUTE-GARONNE 31
MIDI-PYRÉNÉES
Albi TARN 81
HÉRAULT 34 Montpellier
LANGUEDOC-ROUSSILLON
BOUCHES-DU-RHÔNE 13 Marseille
PROVENCE-ALPES
VAR 83 Toulon
CÔTE D'AZUR
Tarbes HAUTES-PYRÉNÉES 65
Foix ARIÈGE 09
AUDE 11 Carcassonne
Perpignan PYRÉNÉES-ORIENTALES 66
Bastia HAUTE-CORSE 2B
CORSE
Ajaccio CORSE-DU-SUD 2A

RÉGION ÎLE-DE-FRANCE

Cergy-Pontoise
VAL-D'OISE 95
Nanterre
Boulogne 92
Bobigny 93
Versailles
75 Paris
Créteil 94
YVELINES 78
Évry
ESSONNE 91
SEINE-ET-MARNE 77
Melun

92 HAUTS-DE-SEINE
93 SEINE-SAINT-DENIS
94 VAL-DE-MARNE

50 km

100 km

— limite de région
◉ capitale régionale
— limite de département
● préfecture de département
○ autre ville